KB152617

부의 치트키

부의 치트키

김성공 지음

ORNADO
토 네 이 도

프롤로그

전교생 400명 중 키가 가장 작았던 아이,

방 안에 틀어박혀 게임만 하던 히키코모리,

1년 재수해서 서울 중위권 대학 입학,

대인기피증에 모든 발표 과제를 포기할 수밖에 없었던

2.8학점의 아웃사이더

창업형 인간 이전의 나를 쉽게 설명할 수 있는 문장들이다.

나는 초등학생부터 고등학생 1학년까지 학교에서 항상 1등을 하던 아이였다. 성적이 아닌 키가 작은 것으로 말이다. 키순으로 번호를 매기던 시절에 나는 항상 1번이라는 숫자가 익숙했다. 어떤 집단에서 왜소함으로 1등이 된다는 것은 자아가 갖춰지지 않은 어린 시기에는 많은 악영향을 주기에 충분했다. 나는 항상 친구들의 팔걸이가 되었고, 흔히 말하는 셔틀에 가까웠다. 친구에게 맞아 멍이 든 채로 집에 와서 부모님을 걱정시키기도 했고, 교과서를 가져오지 않은 친구에게 내 책을 빌려주고 선생님께 대신 혼나기도 했던 아이였다.

그렇다고 친구가 없었던 것은 아니다. 체육 시간에 자율 축구를 하면 축구에 참여하지 않고 소외되어 시간을 보내는 무리가 어느 반에나 2~3명은 꼭 있는데, 나는 그중 하나였다. 다행히 그 부류 안에 유대감이 있었고 그 몇 안 되는 친구와 섞여서 놀았다.

항상 주류나 주인공과는 거리가 멀었던 학창 시절을 보내면서 자연스럽게 내성적인 성격을 갖게 되었다. 그래서 주류들이 손꼽아 기다리던 수학여행이나 야외수업을 하는 날이 나에게는 매우 스트레스를 받는 불행한 날이었다. 야외수업 장소로 이동을 하거나, 수업을 마치고 집으로 돌아갈 때 혼자라는 것만큼 비참한 것이 없었기 때문이다. 나는 어떤 그룹에라도 소속되고 싶어 눈치를 보고 혼자 속앓이를 하던 극도로 내성적인 아이였다.

나보다 더 암울하고 극적인 학창 시절을 보낸 누군가는 크게 비참한 시절이 아니라고 생각할 수도 있다. 그래서 창업형 인간 이전의 내가 불행했다고 이야기하지는 않는다. 다만 극도로 평범했거나 또는 그보다는 약간 이하인 사람이었다고 말한다.

한 가지 확실한 것은 나에게 창업형 인간으로 살아가고 있는 지금의 나와는 180도 다른 과거가 있었다는 것이다. 지금의 나를 아는 대부분의 지인들은 과거의 나를 상상조차 하지 못한다. 마찬가지로 과거 학창 시절에 나를 알던 누구도 지금의 나를 상상하기 어려울 것이다.

과거의 나를 보면 알 수 있듯이 나는 타고나지 않았다. 과거에도, 지금 이 순간에도 내 주변에는 나보다 타고난 능력을 가지고 있는 수많은 사람들이 존재한다. 그래서 독자들에게 한 가지는 확실히 말할 수 있다. 나는 그들에 비해 결코 타고나지 않았다. 그저 변화할 수 있는 방법을 점진적으로 깨달았고, 그 방법으로 변화했을 뿐이다. 그래서 누구나 방법만 안다면 변화할 수 있다는 확신이 있다. 내가 변화한 것처럼 말이다.

이 책은 내가 변화할 수 있었던 핵심 방법을 집약해서 담았다. '나'라는 인간 자체를 개조해 낸 새로운 사고방식, 30대 초반에 경제적 자유를 이룰 수 있었던 실용적인 창업 기술과 비밀들이 담겨 있다. 그리고 나는 그 변화의 방법들을 습득하고 활용할 수 있는 사람을 '창업형 인간'이라고 지칭한다.

어쩌면 이 글이 대다수의 자기계발서에서 클리셰처럼 사용하는 도입부와 닮았다고 생각할 수 있지만 단언컨대 본문은 다를 것이다. 적어도 여러분 인생에 임팩트를 줄 수 있는, 그동안 상상조차 하지 못했던 방법론들이 담겨 있을 것이다.

이렇게 확신하는 데에는 이유가 있다. 나는 흔한 자기계발서에서 이야기하는 '간절히 원하고 믿으면 우주의 끌어당김 법칙으로 이뤄진다', '10배 더 큰 목표를 세워야 성공한다' 등의 근거 없는 주장을 가장 싫어한다. 또한 자신의 협소한 경험을 유일한 근거로 타당성을 주장하는 식의 이야기도 질색한다. 나는 다수가 주장하고 잘 알려진 사실일지라도 그것의 논리적인 근거와 이유를 알아야만 납득하고 믿는 사람이다. 그래서 이 책에서는 알고리즘적인 사고에 기반하여 근거를 함께 제시한다. 논리적이지 않으면 주장조차 하지 않는다.

과거에 많은 자기계발서를 읽고도 크게 변화하지 못했다면 그들의 주장과 논리가 설득력 있게 다가오지 않았기 때문일 가능성이 크다. 그래서 모든 주장에 논리적 근거를 제시하는 이 책은 여러분을 충분히 설득시킬 수 있을 것이며 인생에 큰 변화를 가져다줄 것이다. 지금까지 '그런가? 그런 것 같기도 하고……' 정도로 여러분의 머릿속에서 애매하게 떠다니며 정리되지 않았던 사고들이 이 책을 통해서 깔끔히 정리되는 경험을 하게 될 것이라고 확신한다.

마지막으로 나 스스로를 성공한 사업가라고 칭하지는 않는다.

수천억 원의 기업 가치를 하는 유니콘 기업을 만들어 보지도 못했고, 성공한 사업가들이 흔히들 가지고 있는 M&A(기업의 매수·합병)나 IPO(기업의 주식을 증권시장에 공식적으로 등록하는 것)와 같은 성과를 내본 경험도 없다.

하지만 나는 완성형 창업형 인간이라고 자부할 수 있다. 완성형 창업형 인간이기 때문에 리스크 없이 창업을 무한대로 반복해서 성공시키는 일은 그 어떤 창업가보다 자신 있다. 창업을 시작한 20대에 8년 동안 '요식업, 학원 사업, 대여 사업, 플랫폼 사업, 커머스' 등 각각 전혀 다른 새로운 영역의 창업을 실험처럼 10번 이상 진행해왔고, 그중 80%가 넘는 성공 타율을 만들어냈기 때문이다.

여기서 성공이란 것은 이익을 내는 흑자 사업으로 만들었다는 것을 의미한다. 나는 대부분의 사업을 흑자 사업으로 만들며 이미 내가 목표로 했던 소득 기준의 10배를 한참 넘어 경제적 자유라는 결과를 달성했고, 그 자유 안에서 누구보다 밀도 높은 행복으로 일상을 채우며 살아가고 있다. 이 책을 쓰게 된 것 또한 일상에 더 밀도 높은 행복을 채우기 위한 하나의 방법일 뿐이다. 이 책을 쓰는 것이 왜 나의 행복 가치를 실현할 수 있는지는 본문을 읽어 보면 자연스럽게 알게 될 것이다.

난 이 책을 2030세대의 모든 젊은 친구들이 읽길 바란다. 이들

중 절대 다수는 지금 자신에게 주어진 소수의 선택지가 인생에서 택할 수 있는 유일한 선택지라고 믿는다. 그래서 그 소수의 선택지 중 하나를 선택해 살아간다. 하지만 전부라고 여겼던 선택지는 실제 인생에서 선택할 수 있는 선택지의 1할도 되지 않는 일부임을 알아야 한다. 이 책에서 담고 있는 방법론들은 인생에 새로운 방향성과 무한한 선택지가 있음을 깨닫게 해줄 것이다.

그래서 나는 이 책에 대해 '밑져야 본전이니 읽어보라' 정도로 소개하고 싶지 않다. '읽지 않으면 큰 손해를 보니 꼭 읽어봐야 한다'고 이야기하고 싶다.

- 김성공

목차

프롤로그   5

PART 1   부는 재능의 영역이 아니다

01 부를 이루는 것에는 필승 공식이 존재한다   17

02 불행의 순간에 빠른 회복력을 만들어주는 것   24

03 행복에 대한 선택지를 무한하게 넓혀라   28

04 당신 인생의 최종 목표는 무엇인가?   31

05 난 돈이 없어도 행복할 수 있어!   36

06 미래 자산 계산기를 만든 이유   43

07 〈트루먼 쇼〉는 영화 속 이야기가 아니다   49

08 돈과 시간의 상관관계   56

PART 2

치트키 1단계
인간 자체를 개조하라

01 모르는 게 약이다   61

02 창업형 인간의 정의   66

03 인간의 시스템에 대한 이해   71

04 뇌 메모리 확장하기   79

05 주관을 만드는 법, 정체성 이론   85

06 자원 활용 최적화, 세계관 이론   94

07 인생에 몰입하는 법, 게임 이론   107

08 티끌 모으는 습관부터 버려라   119

09 신뢰 스노볼의 법칙   124

PART 3

치트키 2단계
만들기 전에 실험하라

01 무조건 구매하게 하는 제안의 기술   131

02 창업으로 97% 망하는 방법   136

03 망하는 게 더 어려운 창업 필승 공식   145

04 창업 필승 공식을 적용할 수 있는 사업   159

05 미리 팔아보기의 함정   173

06 똑똑한 엘리트가 오히려 창업에 실패하는 이유   193

07 가설 수립의 4가지 공식   207

08 제품력 높이기 VS 마케팅 잘하기   223

09 마케팅의 뼈대, 돌다리 이론   228

10 미끼 상품으로 손실에 대한 두려움을 제거하라   240

PART 4 치트키 3단계
환경을 이용해 실행하라

01 실행력을 10배 높이는 2가지 동기 설계   251
02 긍정적 스트레스와 각성 상태   259
03 경쟁자들보다 경쟁 우위에 설 수 있는 법 :
    조금의 적극성   264
04 공식을 알면 운도 만들 수 있다   268
05 작용 반작용의 법칙   271
06 성장하고 있다는 가장 확실한 신호   274
07 평범한 동수저가 가장 성공 확률이 낮은 이유   281
08 끌어당김 법칙의 논리적 증명   286
09 초밀도 역량 개발법   292
10 창업형 인간 체크리스트   299

PART 5 부와 행복을 지속하려면

01 진정한 경제적 자유의 의미   303
02 경제적 자유를 얻은 후 불행해지는 이유   306
03 감정의 상대성, 모든 감정은 소중하다   309
04 스타트업을 하게 될 것이다   312

PART 1

**부는 재능의
영역이 아니다**

01 부를 이루는 것에는 필승 공식이 존재한다

경제적 자유를 이루겠다고 결심한 20대 초반, 나는 가장 현실적으로 부를 이룰 수 있는 방법에 대해 머리가 터지도록 고민하기 시작했다. 가장 먼저 해볼 만하다고 생각한 것은 주식 투자였다. 지금 당장 시작할 수 있다는 점이 좋았고, 얼마 안 되는 종잣돈으로 수십억 원의 자산을 이뤘다는 전설 속의 개미들을 보며 희망을 품었다. 10만 원도 안 되는 군대 월급까지 모아 만든 100만 원으로 전역을 하자마자 주식 투자를 시작했다. 마침 그때가 대선으로 뜨거운 시기여서 대선 테마주에 미수금(단기 대출)까지 끌어다가 올인을 했다. 그 결과는 어이없게도 내가 베팅한 사람이 갑자기 대선 출마를 포기하면서 -100% 수익률을 기록했다.

지금은 여유 자금으로 안정적인 장기 투자를 하며 매년 50% 이상의 투자 수익률을 내고 있다. 하지만 그때 당시 -100%의 수익률을 본 나는 주식에 운이 너무 많이 작용한다고 생각했다. 100만 원으로는 매년 100%의 수익을 낸다고 가정해도 10억을 모으는데 10년이 걸린다. 그렇기 때문에 무조건 미수금을 써서 투자를 해야 한다고 생각했는데, 미수금을 쓰니 리스크가 커져서 단 한 번의 실패로도 그나마 있는 자본도 다 잃게 되었다. 당연히 자본을 다 잃게 되면 앞으로 베팅을 할 수 있는 기회조차 박탈된다.

그래서 주식 투자가 아닌 돈을 벌 수 있는 다른 방법에 대해 다시 고민하기 시작했다. 주식, 부동산, 창업 3가지밖에 부를 이룰 방법이 떠오르지 않았는데, 부동산은 주식보다 훨씬 더 많은 자본이 필요한 투자 수단이었다. 결국 가장 해볼 만한 것은 마지막 남은 창업이라고 결론을 내렸다.

그 이후로 창업에 대한 수십 권의 책을 독파했고, 창업을 하려면 초기 자본이 필요하다고 생각해 여러 잡일들을 하며 2000만 원을 모았다. 하지만 막상 시작하려고 하니 쉽지 않았다. 과거 주식으로 모든 돈을 잃은 것처럼 창업을 했다가 지금까지 피땀 흘려 모은 돈을 잃고, 심지어 빚까지도 생길 수 있을 것 같다는 상상을 하게 된 것이다. 대부분의 사람들이 창업을 선뜻 하지 못하는 이유도 동일할 것이다.

그래서 나는 말이 안 된다고 생각할 수 있지만 '리스크 없는 창업 방법'에 대해 연구하기 시작했다. 창업에 실패해도 잃는 게 없다면 무한 시도할 수 있을 것이라고 생각했다. 창업을 무한 시도할 수 있다면 그중 한 번 정도는 성공할 수 있을 것이고, 그 한 번의 성공으로 큰돈을 벌 수 있게 될 거라는 확신이 있었다. 그리고 5년간의 노력 끝에 결국 리스크 없는 '창업 필승 공식'을 발견했다. 이 공식이 바로 오늘날의 나를 있게 해준 '치트키'이다.

나는 '창업 필승 공식'을 발견한 이후로 5년 동안 매년 3개 이상의 새로운 창업을 했다. 누구보다 리스크를 무서워하고 망하는 것에 두려움을 가지고 있던 나도 이 공식을 이용하니 창업을 무한 반복해서 할 수 있었다. 이 공식은 실패해도 잃을 게 없을 뿐만 아니라 심지어 될 만한 사업을 빠르게 선별해주는 역할까지도 한다.

현재는 라이프해킹스쿨(온라인 교육 플랫폼), 한강에피크닉(용품 대여 사업), Jr코딩영재원(대전 코딩 학원), Jr코딩영재스쿨(김포 코딩 학원), 오즈스페이스(공간 대여 사업)를 포함해 총 8개의 사업을 운영하고 있다. 내가 운영하고 있는 사업체의 분야가 다양한 것을 보면 알듯이 이 공식은 온오프라인 모두에 적용 가능하며 플랫폼, 앱, 웹 서비스, 자영업 창업 등 분야를 가리지 않고 적용이 가능하다. 정말 공식대로만 했을 뿐인데 어느새 월마다 1억 원이 넘는 순수익을 얻는 사업가가 되었다.

내가 직접 수십 번의 창업을 하면서 이 공식은 더욱더 정밀하게 다듬어지고 고도화되었다. 그리고 이제 나뿐만 아니라 누구나 사용할 수 있는 공식이 되었다고 판단해 이 공식을 모두에게 전파하기로 마음먹었다.

20대 초반 내가 부를 이루겠다고 마음먹었을 때 어느 누구도 확실한 길을 알려주는 사람이 없었다. 주변에 단 한 사람도 부를 이룬 사람이 없었고, 투자나 창업을 하는 사람조차 없었다. 그래서 난 이 공식을 발견하는 데에만 5년이라는 시간을 낭비했고, 지금도 그 시간이 너무 아깝다는 생각을 한다. 만약 누군가가 내게 조금만이라도 힌트를 줬더라면, 이런 공식이 존재함을 알려줬더라면 지금보다 훨씬 더 빠르게 성공하고 20대를 더 화려하게 보내지 않았을까 하는 아쉬움이 있다.

그래서 이 공식을 모두에게 알려주고 싶었다. 특히 20대의 친구들에게 이 공식을 알려준다면 그들이 젊음을 더 행복한 시간들로 채우면서 보낼 수 있을 것이라고 생각했다. 내가 이렇게 유용한 정보를 책에 담아 많은 사람들에게 전파하는 것은 결코 남의 행복을 위한 선의에 의한 것이 아니다. 이후 내용에도 나오지만 나에게 가장 중요한 1순위는 '나의 행복'이다. 나는 항상 남의 행복보다 나의 행복을 최우선으로 선택한다. 그럼에도 이런 정보를 공개하는 것은 나로 인해 변화하는 이들을 보면서 결과적으로 내가 행복하기 때문이다.

그래서 나는 1년 전부터 이 창업 공식을 이미 무료로 교육하고 전파하고 있다. 현재는 무료 교육을 접한 이들이 2000명이 넘고, 추산하건대 앞으로 매년 5000명이 넘는 사람들이 이 교육을 통해 창업 필승 공식을 학습하게 될 것이다. 이미 이 공식을 그대로 실천한 수강생들은 수백만 원에서 수억 원의 소득을 만들고 있다. 나는 10년 전 공책에 이런 글을 적었다.

⟨10년 뒤 목표⟩

1. 나는 한 회사를 경영하고 있다.

2. 나는 연예인 같은 외모를 가진다.

3. 나는 소득과 재테크를 통해 한 달에 1000만 원을 번다.

4. 나는 나의 성공한 일생을 담은 책을 써서 대박이 났다.

5. 나는 학생들을 가르치는 일을 하고 있다.

6. 나는 미모의 여자친구와 사귀고 있다.

7. 나는 회사를 외국까지 확장시켰다.

8. 나는 컴퓨터에 대한 해박한 지식을 가지고 있다.

9. 나는 3개 국어 이상을 한다.

10. 나는 축구, 탁구, 당구를 잘한다.

11. 나는 보기 좋은 몸매를 가졌다.

(2011. 11. 01 작성)

그리고 10년 전 목표의 대부분이 현실이 되었다. 30대 초반에 회사를 경영하고 있고, 목표 소득이었던 월 1000만 원의 10배에 가까운 소득을 얻고 있으며, 가장 사랑하는 사람과 결혼까지 했다.

가르치는 일을 하고 싶었던 나는 현재 2가지 교육 사업을 운영하고 있다. 또한 10년 전에는 컴퓨터에 '컴'자도 몰랐지만 현재는 국가에서 인정하는 SW 전문 멘토로 활동하며, 인재 양성을 위해 힘쓸 정도로 컴퓨터에 대한 높은 지식 수준을 가지게 되었다.

물론 10년 전 작성한 목표를 달성하기 위한 도전은 아직도 현재 진행형에 있다. 책을 써서 대박을 내겠다는 목표를 이루기 위해 《부의 치트키》라는 책을 출간했고, 내년에는 해외에 나가 3개 국어를 익힐 것이며, 그와 동시에 회사를 세계로 확장시키기 위한 도전을 지속할 것이다.

다시 한 번 이야기하지만 극도로 평범한 내가 이처럼 상상 속의 목표를 하나씩 이뤄낼 수 있었던 것은 순전히 '이 공식'이 있었기 때문이다. 나는 공식을 이용해서 충분한 부를 이뤄낼 수 있었고, 그 부를 바탕으로 목표들을 하나씩 성취해나갈 수 있었다.

'그런 공식이 있을 리가 없잖아……'라며 인정하고 싶지 않을 수 있지만, 나와 수백 명의 창업가들이 이 공식을 이용해 부를 만들며 증명하고 있듯이 부를 이루는 데에는 확실한 공식이라는 게 분명 존재한다. 단지 이 공식을 아는 사람과 모르는 사람이 있을 뿐이며, 그 공식을 그대로 지키는 이들과 지키지 않는 이들이 있을 뿐이다.

당신은 공식을 아는 사람이 될 것인가, 모르는 사람이 될 것인가?

당신은 공식을 그대로 지켜서 부를 이룰 것인가, 공식을 지키지 않고 그대로 머물 것인가?

그 선택과 실행에 당신의 미래가 달려 있다.

02 불행의 순간에 빠른 회복력을 만들어주는 것

나는 항상 많은 사람들에게 부를 이뤄야만 하는 여러 이유들을 이야기한다. 그리고 그중에서도 불행을 최소화하기 위해서 부를 꼭 이뤄야 한다고 강조한다. 불행의 순간은 예고하지 않고 찾아오기 때문이다.

어느 날 갑자기 가족이 병에 걸리거나 자연재해로 인해 집을 잃거나 하는 등의 갑자기 닥치는 불행들은 아무리 돈이 많다고 해도 막을 수 없다. 하지만 이런 순간에 충분한 돈이 있다면 가장 실력 있는 의사에게 병을 치료받게 할 수 있고, 갑자기 집이 사라지더라도 서울에 가장 좋은 호텔에 가거나 또 다른 자가에 가서 따뜻한 잠을 언제든 잘 수 있다. 이렇듯 돈으로 불행을 막을 수는 없지만 불행을 최소화하는 것은 가능하다.

많은 사람들은 이런 예상하지 못한 불행이 자신에게 올 거라고 생각하지 않는다. 하지만 당신의 인생에도 불행의 순간은 언제든 찾아올 수 있다. 심지어 나 또한 책을 집필하는 동안에 정말 예상치 못한 불행이 찾아왔다.

22년 8월에는 100년만의 폭우라고 불리는 막대한 양의 비가 와서 강남 일대가 물에 잠기고 수많은 사람들이 오도 가도 못하는 상황이 일어났다. 그날따라 왠지 피곤한 탓에 강남에 있는 회사로 가지 않고 집에서 업무를 봤던 나 자신을 칭찬하며 운 좋게 불행을 피했다고 내심 기뻐했다. 하지만 결국 불행이 따라온 건지 판교에 있는 집의 지하 주차장이 침수되어 차가 완전히 물속에 잠겨 버렸다.

내가 불행은 예고하지 않고 찾아온다며 예시로 이야기를 했던 자연재해가 현실이 된 상황이 어이가 없었다. 항상 말은 그렇게 했어도 자연재해의 주인공이 내가 될 거라고는 생각하지 못했던 것이다. 나는 대중교통을 이용한지가 언젠지 기억이 나지 않을 정도로 대부분 자차로 이동을 하기에 더 큰 불행이었다.

내 차를 포함해서 같은 아파트에 사는 주민들의 차가 200대 넘게 수장되었고 나를 포함한 주민들은 새롭게 차를 마련해야 했다. 하지만 22년은 자동차의 하드웨어 부품 생산 이슈로 대부분의 차량들이 신차를 뽑으려면 최소 1년의 대기 시간이 필요했다. 신차의 대기기간이 길어지니 중고차의 값은 오히려 치솟았다. 신차보다 중고차가 더 비싼 기이한 현상도 일어났다. 그러다 보니 대부분의 주민들은 중고차를 사기도 애매하고, 신차를 뽑기에는 너무 오랜 시간을 기다려야 하는 딜레마에 빠졌다.

하지만 앞서 이야기했듯이 부는 어느 정도까지 불행을 최소화해줄 수 있다. 나는 차가 침수된 다음 날 바로 신차 가격보다 2000만 원이 더 비싼 중고차(3000km 운행)를 구매했다. 만약 내가 충분한 금전적 여유가 있지 않았다면 신차보다 2000만 원이 더 비싼 중고차 구매를 고민조차 하지 않았을 것이다. 2000만 원을 손해 보는 것보다 차라리 불편을 감수하는 게 낫다는 생각이 먼저 들 테니 말이다.

나는 자연재해가 있던 다음 날 바로 차를 구매하여 그 다음 날부터는 어떤 큰 변화 없이 평소와 같은 일상을 보낼 수 있었다. 몇 개월간 지속될 수 있었던 불행이 단 하루로 줄어든 것이다. 이렇듯 돈은 예상하지 못한 불행의 순간에도 일상으로 금방 돌아올 수 있는 회복력을 만들어준다.

대부분의 사람들은 불행에 대비하지 않는 삶을 산다. 아마 당신도 그중 하나일 가능성이 높다. 그래서 실제 불행의 순간이 닥치면 늪에 빠진 사람처럼 허우적대며 오랜 시간 동안 암흑에서

헤어 나오지 못한다. 전혀 회복력이 없기 때문에 일상으로 돌아오기 위해서는 많은 시간이 필요하다.

다시 한 번 묻겠다. 정말 본인은 불행의 주인공이 되지 않을 거라고 장담할 수 있는가? 인생은 생각보다 길다. 그래서 이 긴 인생 동안 분명 당신에게도 불행의 순간은 필히 찾아온다. 불행에 허우적대는 삶을 살고 싶지 않다면 부를 쌓고 대비해라. 부를 쌓아 언제든 빠르게 일상으로 돌아올 수 있는 회복력을 만들어라.

03 ─── 행복에 대한 선택지를 무한하게 넓혀라

"경제적 자유를 이루면 일상이 어떻게 달라지나요?"

최근 들어서 가장 많이 듣는 질문이다. 나는 몇 년 전 월 소득이 2000만 원이 넘어가는 지점에서부터 이미 경제적으로 100% 자유롭다는 것을 체감했다. 그렇게 체감한 것은 내가 모든 것들을 선택하는 삶을 살 수 있게 되었기 때문이다.

나는 금수저가 아니다. 20대 초반에는 데이트 비용을 걱정해야 했고, 먹고 싶은 것, 하고 싶은 것, 놀고 싶은 것을 참아야 하는 평범한 대학생이었다. 하지만 현재는 앞서 이야기했던 모든 제약들이 사라졌다. 먹고 싶은 것을 먹고, 쉬고 싶을 때 쉬고, 하고 싶은 게 있으면 한다.

내가 부로 인한 삶의 변화를 매번 가장 많이 체감하는 순간은 아내와 외식을 할 때다. 20대 초반에 지금의 아내와 연애하면서 데이트를 하고 식사를 할 때면 농담 반 진담 반으로 서로 계산하라면서 계산서를 상대방 앞에 밀어 두었다. 당연히 음식점을 선택할 때 가장 중요한 요소는 가격이었다. 비싼 음식점은 선택지에 애초에 없었다.

하지만 현재 우리가 외식할 때 음식의 가격은 고려 대상이 전혀 아니다. 그저 그날 가장 먹고 싶고 맛있을 것 같은 음식을 선택해서 먹는다. 계산을 누가 하는가는 이제 화젯거리가 전혀 되지 못한다.

이런 일상 속의 변화들이 부로 인한 가장 큰 변화라고 볼 수 있다. 어쩌면 사소한 것이라고 여길 수 있지만 이런 것들이 전부다. 이렇듯 부로 인한 가장 큰 삶의 변화는 내게 훨씬 다양한 선택지가 주어지고, 그 선택지 중에서 내가 행복할 수 있는 선택지를 얼마든지 택할 수 있다는 점이다.

나는 과거 본격적인 창업을 꿈꾸고 준비할 때 분 단위의 시간표를 짰다. 목표를 이루기 위해 시간표대로 움직여야 했다. 내게 주어진 선택지는 분 단위 시간표를 따르는 것밖에 없었다.

하지만 나는 지금 특별한 미팅 일정을 제외하고 모든 시간을 자유롭게 방치한다. 짜여 있는 시간대로 사는 것이 아니라 주어진 방대한 선택지 안에서 내가 무엇을 할지 즉흥적인 선택을 하며, 그 순간 나를 가장 행복하게 해줄 수 있는 선택지로 시간을 채운다. 아침에 언제 눈을 뜰 것인지도 나의 컨디션에 따라 결정하며, 식사를 언제 할지도, 언제 잠을 잘지도, 오늘 회사에 출근할지 말지도 그날의 나의 행복 지수를 최우선해서 선택한다.

하루 24시간 동안 자신이 몇 번의 선택을 하는지 세어 본 적이 있는가? 놀랍게도 24시간 동안 우리는 150번 정도의 선택을 하며 살아간다.

하지만 당신이 선택을 해야 하는 150번의 매 순간에 주어진 선택지는 너무 초라하다. 수많은 경제적 제약에 의해 몇 안 되는 한정된 선택지를 받고 그 안에서 선택해야만 하는 삶을 산다. 150번의 선택 동안 당신이 원해서 하는 선택은 몇 되지 않는다. 정말 원하는 선택지는 애초에 당신에게 주어지지 않았기 때문이다.

당연한 이야기지만 부가 행복의 절대적 조건은 아니다. 하지만 한 가지 확실한 것은 부는 당신에게 수많은 선택지를 제시한다. 수많은 선택지가 주어지고 내가 행복할 수 있는 것을 언제든 선택해서 사는 삶은 당신의 상상보다 10배 더 행복한 삶이라고 말하고 싶다. 부를 쌓고 인생에 선택지를 무한대로 늘려라. 수많은 선택지를 보며 행복한 고민을 하는 삶을 당신도 살 수 있다.

부의 필승 공식을 실현하기 위해서는 가장 본질적인 질문에 대한 해답부터 찾아야 한다.

'나는 왜 부를 얻어야 하는가?'

모두가 알다시피 돈이라는 것은 결국 수단일 뿐이다. 돈이라는 것에 '무엇가를 살 수 있는 재화로써의 가치'가 부여되지 않았다면, 돈은 그저 종이 쪼가리에 불과하기 때문이다. 만약 100억의 돈과 함께 평생을 무인도에 혼자 갇혀 살아야 한다면, 그 100억의 돈은 불을 피우기 위한 땔감이나 무언가를 닦는데 쓰는 휴지 정도로 사용될 것이다.

결국 우리가 돈을 벌겠다고 마음먹은 이유는 필히 무언가 사야 할 것이 있기 때문이다. 도대체 무엇을 사기 위해서 많은 부를 얻으려고 하는가에 대해 이야기하려면 우선 목적을 찾아야 한다. 목적 없는 실행은 방향을 잃기 때문이다.

'당신 인생의 최종 목표는 무엇인가?'

부를 이루고자 하는 목적은 당신이 인생에서 이루고자 하는 최종적인 목표와 직접적인 연관이 있다. 돈은 인생에서 원하는 목표를 이루기 위한 수단이기 때문이다. 그래서 '나의 인생에 최종 목표는 무엇인가?'에 대한 답을 얻어야만 부의 필승 공식을 실현하는 시작점에 설 수 있다.

다수의 사람은 인생의 궁극적 목표가 무엇이냐고 물으면 특정한 하나의 이벤트를 이야기한다. 예를 들어 '변호사가 되는 것', '100억을 모으는 것', '올림픽에서 1등을 하는 것', '공무원이 되는 것' 등이다.

이런 단일 이벤트를 인생의 최종 목표로 규정했을 경우, 그 목표를 성취한 이후에는 어차피 새로운 목표를 다시 고민하고 규정해야 할 뿐이다. 이벤트성 목표를 성취했을 때 얻게 되는 행복감은 결코 전체 인생에 걸쳐 지속되지 않는다. 그토록 바라던 목표를 성취해냈다는 행복감도 인간의 망각시스템으로 인해 짧으면 3일, 길면 일주일이면 금세 사라진다. 그래서 이런 목표들을 인생의 최종 목표라고 하기에는 무리가 있다.

이벤트성 목표들을 설정하는 것이 옳지 않다는 의미가 아니다. 이벤트성이든 아니든 명시적인 목표를 가지는 것은 성장 방향의 확실한 나침반이 될 수 있기 때문에 빠르게 성장하는 데 많은 도움이 된다. 하지만 이런 하나의 이벤트가 전체 인생의 최종 목표가 될 수는 없다는 것을 이야기하고 싶다.

그렇다면 무엇이 인생의 최종 목표가 되어야 하는가? 모든 인간에게 공통적으로 죽을 때까지 변하지 않는 하나의 욕구가 있다면, 그것은 '행복'이라는 감정에 대한 욕구이다. 인간은 행복이란 감정을 평생 갈구하며 살아간다. 행복하기 위해서 살아간다고 해도 과언이 아니다. 사실상 앞에서 이야기한 이벤트성 목표들을 이루고자 하는 것도 결과적으로는 행복하기 위해서다. 반대로 불행하기 위해서 또는 불행에 대한 감정을 추구하며 살아가는 이는 존재하지 않는다.

그래서 인생의 궁극적 목표는 특정 하나의 이벤트가 아니라 '인생 전체를 통틀어 최대치의 행복 총량을 얻기 위함'이 되어야 한다. 사는 동안 최대한 행복하겠다는 목표는 어쩌면 인생에 가장 확실한 방향성을 제시해준다. 중간에 목표가 흔들릴 일도 없으며 중간에 목표를 성취해서 끝나버릴 일도 없다. 죽는 그 순간까지도 행복하자는 것이 목표이기 때문이다.

그래서 나는 누군가 인생에 목표가 무엇이냐고 물으면, 항상 똑같이 대답한다.

'인생이라는 한정된 시간 안에 최대치의 행복을 꾹꾹 눌러 담는 것'

우리에게는 하나의 그릇이 주어져 있다. 그릇의 크기(수명)는 이미 정해져 있고, 그 그릇 안에 내가 가장 좋아하는 것(행복)을 최대치로 꾹꾹 눌러 담는 것이 인생의 가장 큰 목표이자 미션인 것이다.

그러면 어떻게 인생에 최대치의 행복 총량을 채워 넣을 수 있을까? 가장 먼저 내가 무엇에 행복이란 감정을 느끼는 존재인가에 대해서 끊임없이 고찰해야 한다. 나에게 행복이 무엇인가에 대해 명확히 정의하지 못한다면 당연히 인생에 행복을 채우는 일 또한 할 수 없다.

행복에 대해 정의해 본 적이 없다면 쉬운 일은 아닐 것이다. 단기간 내에 정리하기보다 장기적으로 정리하고 고찰해야만 한다. 가장 먼저 해볼 수 있는 것은 내가 정말 행복했던 순간들을 떠올려보는 것이다. 아주 찰나의 순간들도 좋다. 행복했던 순간들을 떠올려보고 자신만의 '행복 리스트'를 만들어라.

• 내가 가르친 제자가 대학교 입학 후 찾아온 순간
• 가족들과 함께 고생하며 일을 마친 후 다 같이 둘러앉아 술

한잔하며 이야기 나누던 순간

- 리더로서 사람들을 이끌어 성취를 만들어 낸 순간
- 내 교육을 받고 창업에 성공한 친구가 찾아온 순간
- 여자친구와 당일치기로 즉흥 여행을 갔던 순간
- 길을 가다 우연히 먹었던 음식이 정말 맛있었던 순간

나 또한 지금까지도 내 행복리스트를 만들고 지속해서 갱신하고 있다. 살면서 행복의 기준은 지속해서 변화한다. 정말 좋아하는 음식을 먹을 때 느꼈던 행복한 감정도 그 음식을 매일 먹을 수 있는 상황이 되면 이전만큼의 행복을 느끼지 못할 수 있다. 나를 행복하게 해줬던 취미도 본업이 되어 매일 의무적으로 해야 하는 것이 되어 버리면 행복은커녕 질려서 피하고 싶은 것이 되기도 한다.

그래서 행복 리스트를 만드는 것은 하루아침에 완성될 수 없다. 평생에 걸쳐 리스트를 갱신해야 한다. 그리고 그 행복 리스트를 끊임없이 갱신해 나가면서 지금의 나를 가장 행복하게 해줄 수 있는 것들로 내 인생을 채우면서 살아가는 것이다.

그럼 행복 리스트에 있는 것들을 인생에 꾹꾹 눌러 담아 채우기 위해서 정말 돈은 필수적인 것일까? 돈 없이도 인생에 최대 총량의 행복을 채울 수 있지 않을까?

05 난 돈이 없어도 행복할 수 있어!

주변에 한 명쯤은 '난 돈이 없어도 행복할 수 있어!'라고 주장하는 사람이 있을 것이다. 어쩌면 본인을 포함한 주변의 대다수가 그렇게 말하는 부류일 수도 있다.

과연 이 말은 사실이 될 수 있을까? 결론부터 말하면 나는 이런 사람들이 '자기 합리화와 현실 회피'에 잠식되었다고 생각한다. '돈이 없어도 행복할 수 있다'는 말은 반은 맞고 반은 틀리다. 모두가 느끼는 행복의 기준과 가치가 다르다는 것은 인정한다. 어느 누군가는 아주 작고 사소한 일에도 감사함을 느끼고 큰 행복을 느낄 수 있을 것이며, 또 다른 누군가는 큰 이벤트나 성취에서만 행복을 느끼는 이도 있을 것이다. 이처럼 행복의 감정을 느끼는 것은 어쩌면 마음가짐에 따라 달라질 수 있다. 그래서 다른 사람과 비교하기보다 자신의 상황에 만족하고, 사소한 것에 감사함을 느낀다면 단칸방에 살더라도 100억을 가진 부자보다 행복하게 살 수 있다.

물론 '돈이 없어도 행복할 수 있다'고 주장하는 모든 사람들이 실제로 사소함에 행복감을 느낄 수 있는 사람이라고 이야기하는 것은 아니다. 그들의 주장과는 다르게 절대 다수의 인간은 사회라는 울타리 안에서 타인과의 비교를 통해서 행복을 느낄 수밖에 없도록 성장했다. 타인과의 끊임없는 비교와 평가 안에서 평균, 이하, 이상의 기준점이 만들어지고 그 기준으로 자신의 행복이 결정된다. 타인의 상황보다 내가 좋은가 나쁜가로 행복 여부가 정해진다는 것이다.

이런 의견에 반대하는 이들에게 다음과 같은 질문을 한 적이 있다.

'만약 내가 평생 동안 한 번이라도 일면식이 있었던 모두에게 20억 원의 돈이 제공되는 버튼을 가지고 있다면 그 버튼을 누를 것인가?'

단, 몇 가지 조건이 있다.

1) 나의 현재 자산은 20억 원에 한참 못 미친다.

2) 나를 포함한 나의 가족은 돈을 받을 수 없다.

3) 버튼을 누를 경우, 20억 원을 받게 된 사람 모두 어떻게 돈을 얻게 되었는지 알 수 없고 당연히 나에게 사례할 수도 없다.

4) 버튼을 누르지 않을 경우, 버튼의 존재 자체는 아무도 모르기 때문에 나를 원망할 사람은 없다.

내가 원한이 있던 사람, 나와 가장 친한 친구, 집 앞 편의점 아르바이트생 등 누구든 내가 일면식이 있는 사람이면 모두 20억을 받게 된다. 한마디로 내가 사는 세상 안에서 나와 인간관계를 맺고 있는 모두에게 20억이 주어진다.

당신은 어떤 선택을 할 것인가? 버튼을 눌러서 나를 제외한 모든 사람들이 더 부유하고 자유롭고 행복하게 살아가는 것을 바라보며 기뻐할 수 있을 것인가? 아니면 버튼을 누르지 않고 지금처럼 살아갈 것인가?

절대 다수의 사람들은 버튼을 누르지 못할 것이다. 버튼을 누르지 못하는 이유는 간단하다. 나를 제외한 주변 모두의 자산이 증식되고 그들의 삶이 나와 큰 격차가 발생하면 상대적인 박탈감으로 인해 불행을 느낄 가능성이 높기 때문이다. 이처럼 사회 안에서 살아가는 인간의 행복은 절대적이라기보다 상대적이며 타인과의 비교를 통해 결정된다.

그래서 누군가와의 비교 없이 온전히 자신의 내면에서만 행복을 찾는다는 것은 흔히 이야기하는 득도의 경지에 다다르거나 사회를 벗어나 산속으로 도를 닦으러 가는 것이 아니라면 거의 불가능에 가깝다고 볼 수 있다. 인간은 내가 가지지 못하는 것, 내가 하지 못하는 것, 내가 먹지 못하는 것을 상대적으로 자유롭게 누리는 누군가가 주변에 있다면 부러움 또는 질투의 감정을 느끼는 사회적 본능을 지니고 있기 때문이다.

한 가지 사례를 더 들어보겠다. 자신이 집에서 대부분의 시간을 보내는 나이 많은 백수 아들이라고 가정해보자. 30대 중반이 넘어갈 때까지 직장 하나 구하지 못하고 부모님 집에 얹혀사는 자신의 모습이 한심하고 좌절감이 컸다. 그러던 어느 날 갑자기 큰 깨달음을 얻고 현재의 상황이 아름답지는 않지만 일상 속 사소한 것들에 충분한 행복을 느끼며 살자는 결심을 한다. 하루 세 끼 식사를 할 수 있음에 만족하고, 자고 싶을 때 잘 수 있고 일어나고 싶을 때 일어날 수 있는 이런 일상 속의 작은 행복에 만족하며 살기로 결정한다.

과연 이 백수 아들은 자신의 바람대로 사소한 것에 행복을 느끼며 살 수 있을까? 안타깝게도 불가능하다. 한 집에 사는 어머니는 나를 보며 매일같이 걱정스러운 눈빛을 보내고 안타까워 속앓이를 하시며, 아버지는 내가 눈에 띄기만 하면 한심하다며 고성을 내고 심한 욕을 한다. 심지어 명문대에 다니는 동생도 나를 한심한 눈으로 바라보며 언제까지 일도 안 하고 집에만 있을 거냐고 닦달을 한다. 이런 상황 속에서도 동요되지 않고 자신의 결심대로 사소한 것에 행복을 느끼며 살아갈 수 있을까?

감정이 없는 사이코패스가 아니라면 불가능에 가깝다고 보는 게 맞다. 사람은 사회 안에서 가장 가까운 사람들의 감정에 전염된다. 내가 아무리 사소한 것에 행복을 느끼며 득도했다고 할지라도 산에 들어가서 모든 사람과 단절되어 사는 게 아니라면 나와 가까운 사람들의 불행에 동요되고 함께 불행해질 수밖에 없다. 공감 능력을 지닌 정상적인 인간이라면 당연한 것이다.

정리하면 인간은 1차원적 쾌락과 2차원적 쾌락 2가지 종류의 쾌락이 동시에 충족되어야 최대치의 행복을 얻을 수 있다. 1차원적 쾌락은 식욕, 수면욕, 성욕, 나태욕 등 인간의 본능적 욕구를 충족했을 때 얻는 쾌락이다. 백수 아들은 1차원적 쾌락에 있어서는 스스로 만족하며 충분한 행복을 느꼈지만 궁극적으로 최대치의 행복을 얻을 수 없었다. 2차원적 쾌락이 전혀 충족되지 않았기 때문이다.

2차원적 쾌락은 사회 안에서 제3자의 인간으로부터 얻는 사회적 쾌락을 의미한다. 타인에게 인정받았을 때 얻는 쾌락, 이성에게 사랑받았을 때 얻는 쾌락 등이다. 부모님, 친구 등 사회적 관계 안에서 인정과 사랑을 받지 못한 백수 아들은 결코 최대치의 행복을 얻을 수 없다.

인간은 결코 1차원적 쾌락에 만족한다고 해서 행복한 삶을 살 수 없다. 모든 사람들에게 2차원적 쾌락(사회적 쾌락)이 행복의 많은 비중을 차지하고 있으며, 사회 속에서의 비교, 평가, 시선, 공감, 감정의 전염 등 모든 것들이 유기적으로 작용하여 행복을 결정하기 때문이다. 스스로 돈은 부질없는 것이고 사소한 행복도 크게 느낄 수 있다고 득도했을지언정 사회 안에서는 결코 행복할 수 없다는 의미다.

당연하지만 내 세계관 안에 살고 있는 사람들보다 상대적으로 더 많은 돈을 가지고 있으면 나에게 더 많은 선택권과 자유도가 보장되고 더 많은 것들을 누리고 경험하며, 심지어 주변 사람들에게까지 베풀 수 있다. 부모를 포함한 나의 최측근들을 충분히 행복하게 하는 데에도 돈을 활용할 수 있다. 결국 나를 포함한 내 주변까지 행복해야 최대치의 행복을 얻는 것이 가능하다.

많은 사람들은 사소한 것에 큰 행복을 느끼며 살 거라고 주장하지만, 아쉽게도 그런 방식으로는 사회 안에서 결코 최대치의 행복을 얻을 수 없다. 그래서 돈 한 푼 없이도 행복할 수 있다는 주장을 하는 이들의 논리에는 현실 회피와 자기 합리화가 내재되어 있다. 또한 앞서 이야기했듯이 불행에 대한 아무런 대비를 하지 않겠다는 선전 포고이기도 하다. 자신의 인생을 방관하겠다는 것을 자랑스럽게 이야기하고 있는 것이다. 결국 사회 안에서 더 많은 행복을 얻고, 불행을 최소화하기 위해서는 우리에게 충분한 돈이 필요하다.

06 미래 자산 계산기를 만든 이유

앞의 글을 읽으며 적어도 '난 돈 없이도 행복할 수 있어'라고 허황된 주장을 하는 사람이 아니라고 안도할 수 있다. 하지만 아쉽게도 안도하는 사람들 중 절대 다수는 '난 10년, 20년 뒤에는 좋은 집, 좋은 차, 넉넉한 자금으로 행복한 노후를 보내고 있을 거야'라고 막연히 생각만 하고 있을 가능성이 높다. 또는 녹록지 않은 현실에 지쳐 미래를 구체적으로 떠올리는 것조차 회피하려는 사람일지도 모른다.

나 또한 행복을 위해서 경제적 자유가 필요하다는 것을 알게 된 이후에도 한동안은 '어떤 방법으로 경제적 자유를 달성할 것인가?'라는 물음에 대한 해답을 찾지 못했다. 어쩌면 그 해답을 찾는 것 자체를 의도적으로 회피했다.

그러던 어느 날 하루라는 시간 전체를 써서 지금 상황에서 내가 경제적 자유를 달성하는데 걸리는 시간을 아주 현실적으로 계산해보기 시작했다. 그 계산의 결과는 당연하게도 처참했다. 내가 운 좋게 대기업에 취업해서 초봉으로 5000만 원을 받아 평균보다 좀 더 나은 삶을 살게 되더라도 20년 뒤에는 여전히 생계를 걱정하고 준비되지 않은 노후에 불안해할 수밖에 없는 현실을 직시할 수 있었다.

나의 참혹한 미래를 알게 된 후부터 경제적 자유를 위한 계획들을 보다 더 구체적으로 준비하기 시작했고, 그래서 선택한 선택지가 바로 창업이었다. 실제 10년 전 창업을 선택하면서 목표치를 적어둔 메모장을 펼쳐 보면 10년이 지난 지금은 그때의 목표치보다 훨씬 상회하여 더 높은 성과를 달성했다.

이처럼 미래에 대해 현실적인 계산을 하고 계획을 구체적으로 수립하는 것은 경제적 자유를 실현하기 위해 가장 먼저 해야 할 일이다. 나 또한 구체적으로 미래를 계산했던 그 하루가 시발점이 되어 지금의 나를 만들 수 있었다.

내가 미래에 대해 구체적으로 계산해보길 회피했던 것처럼 구체적인 계획 없이 막연하게 행복한 미래를 꿈꾸는 사람들을 돕기 위해서 나는 '미래자산계산기'를 만들었다. 네이버에 '미래 자산 예측 검사'라고 검색하거나 웹사이트 https://lifehacking.co.kr/mbti에 접속하면 된다.

　30~40개 정도의 문항에 대한 답에 따라 투자 성과 또는 창업 가능성을 계산하고 '물가 상승률', '연봉 인상률', '자녀 한 명당 총육아비' 등 공신력 있는 수치들을 반영하여 20년 뒤의 추정 자산이 나온다.

　이 미래자산계산기는 한때 크게 바이럴이 되어 14만 명 정도의 유저가 사용했다. 계산기를 이용한 14만 명의 유저 중 직장인

들의 20년 뒤 자산 평균치는 대략 13억 원 정도였다. 물가 상승률의 평균 수치를 고려하면 20년 뒤의 13억 원은 현재 기준으로 대략 7억 원 정도를 의미한다. 만약 여러분이 현재 시점에서 20살이 더 많다고 가정하고 총자산이 7억 원 정도라면 충분히 만족할 만한 인생이라는 생각이 드는가?

막연히 그리던 미래와는 거리가 멀 것이다. 미래에는 서울에 그럴듯한 아파트에 살며 그래도 외제차 하나 정도는 끌고 다니겠지라고 상상했던 것과는 많은 거리감이 있는 자산일 것이다. 7억 원은 서울에 그럴듯한 집 한 채를 사기에 버거운 금액일 뿐만 아니라 이미 20년이나 늙어버린 내가 노후를 즐기며 쉴 수 있을 정도의 여유 있는 자산도 아니다. 20년 뒤에도 여전히 일자리를 찾아야 하고 그저 그런 차를 몰고 다니면서 조촐한 집 한 채를 가지고 있는 정도일 것이다.

이처럼 조금만 구체적으로 생각해봐도 일반적인 근로 소득만으로는 안정적이고 행복한 노후가 존재할 수 없음을 알 수 있다. 그렇다면 우리는 지금부터 어떤 선택을 해야 절망적인 미래를 피할 수 있을까?

불 보듯 뻔한 미래를 벗어나 경제적 자유를 달성하기 위해서 우리가 할 수 있는 가장 현실적인 선택지는 크게 창업과 투자(부동산, 주식, 코인 등) 2가지다. 의사, 변호사, 유명한 연예인, 성공한

운동선수 등의 고소득 직업을 갖게 된다면 그것 또한 경제적 자유를 위한 길이 될 수 있겠지만, 이미 20대 이상의 성인이라고 가정하면 현실적인 선택지라고 여겨지지 않기 때문에 제외한다.

2가지 선택지 중 투자는 기본적으로 어느 정도의 자본을 필요로 한다. 물론 단돈 몇 백만 원, 몇 천만 원만으로 부동산, 주식, 코인을 이용해 수백억 원의 부자가 되었다는 유튜브 속의 성공 신화 이야기는 끊임없이 들리지만 절대 소수에 국한되는 이야기다. 적은 자본으로 무리한 대출과 레버리지를 이용해 돈을 번 경우보다는 큰 리스크에 대한 대가로 많은 빚을 지거나 심하면 극단적인 선택을 한 경우들이 훨씬 많다.

어느 정도 자산이 생기고 나서는 큰 리스크가 없이 장기적으로 안정적인 투자를 하는 것은 당연히 탁월한 자산 증식의 방법이다. 하지만 자산이 충분하지 않은 상태에서 큰 레버리지를 통해 리스크를 떠안고 투자하는 것은 도박과 크게 다르지 않다. 그래서 결과적으로 자산이 충분하지 않는 이들이 선택할 수 있는 더 현실적인 선택지는 '투자'보다는 '창업'이라고 볼 수 있다. 이 이야기에 반문하는 이들이 있을 것이다.

'창업도 자본이 많이 필요하고 리스크 있는 건 마찬가지 아닌가? 창업했다가 실패해서 빚더미에 앉은 사람들도 많은데…….'

이런 생각들이 창업에 대한 가장 잘못된 인식이다. 창업은 결코 리스크가 크지 않다. 세상에는 리스크 없이도 창업할 수 있는 방법들이 너무 많다. 나 또한 11번의 창업 중에 대부분은 무자본에 가깝게 창업을 하였으며, 나뿐만 아니라 누구나 무자본에 가깝게 리스크 없이 창업을 할 수 있다.

난 한국에서 가장 많은 창업가를 직접 대면해서 만나는 사람 중 한 명이다. 1년에 수천 명의 예비 창업가들에게 리스크 없는 창업 방법론에 대해 교육하고 있고, 그 결과 수많은 창업가들이 리스크 없는 창업을 실천하여 부를 이루고 있다.

그렇다면 이런 리스크 없는 창업의 방법들은 왜 지금까지 사람들에게 공유되지 않았으며, 왜 대다수의 사람들이 창업은 위험한 것이라고 여기게 된 걸까?

07 <트루먼 쇼>는 영화 속 이야기가 아니다

왜 우리는 취업이 당연한 길이고, 창업은 위험하고 하면 안 되는 것이라는 인식을 가지게 된 걸까? 심지어 왜 한 번도 창업이라는 진로에 대해서 체험하거나 실습해 볼 수 있는 경험조차도 없었던 것일까?

그 이유는 우리가 누군가 설계해 놓은 세트장 안에 있기 때문이다. 이 세트장의 설계자는 세트장 안에 있는 사람 대다수가 창업하는 것을 원하지 않는다. 그래서 마치 영화 <트루먼 쇼>의 주인공 트루먼처럼 우리는 설계자들의 의도대로 대부분 취업이라는 선택지를 택하도록 길들여졌다.

사업 실패로 빨간 딱지가 집 곳곳에 붙여지고 거지 신세가 되어 결국 거리에 나앉게 되는 모습은 드라마 또는 영화 속에서 흔히 봤던 이야기들이다. 평범한 가정에서 자랐다면 부모님으로부터 창업은 위험한 것이니 안정적으로 취업이나 하라는 말을 한 번쯤은 들어봤을 것이다.

이런 창업에 대한 부정적인 인식은 특정한 설계자 한 명이 만든 것일까? 그렇지 않다. 한 명의 설계자가 아닌 사회라는 집단이 그런 프레임과 인식들을 만들었다. 왜 사회라는 집단은 '취업이 당연하고 창업은 위험하다'는 인식을 만든 것일까? 이유는 생각보다 간단하다.

사회가 산업화되어 발전하면서 소수의 창업가가 회사라는 시스템을 만들면 그 시스템을 원활하게 작동시켜줄 많은 부품(회사형 인간)들이 필요했다. 만약 산업화 이후에 모든 사람들이 취업보다 주도적으로 창업하는 것을 선호하는 사회였다면 지금의 경제 발전은 결코 이뤄지지 못했을 것이다. 그래서 경제 발전을 위해서 가장 먼저 교육이 변화했다. 더 많은 회사형 인간들을 양성하기 위한 교육들이 사회에 자연스럽게 자리 잡았고, 공교육에서나 사교육에서나 부품(회사형 인간)을 만들기 위한 교육들이 주를 이루게 된 것이다.

우리는 본격적으로 경제적 독립을 해야 하는 20살 성인이 되기 전까지 근로 소득 외에 소득 활동을 할 수 있는 다른 수단에 대해서 그 어떤 교육도 받지 못했다. 사람들의 수요를 읽는 법, 무언가를 주고 그에 대한 적절한 대가를 받는 방법, 단계별 세일즈 방법 등 사람들에게 필요한 무언가를 만들어 제공하고 그로부터 돈을 버는 창업의 개념에 대해서는 배우거나 경험해보지 못했다. 그저 가장 합리적이고 안정적인 최선의 길이 대기업이나 공무원이 되어 임금을 받는 것이라고 주입받은 것이다.

그뿐만 아니라 돈을 많이 벌고 싶다고 이야기하는 것을 오히려 속물이라고 여기는 사회적 인식까지 팽배했다. 돈을 얼마 벌 수 있냐는 관점이 아닌 '직업의 소명 의식'과 '모든 직업이 평등하고 숭고하다'는 의식만 강조하는 사회가 만들어졌다. 이런 사회가 만들어 놓은 세트장 안에 살고 있는 우리가 지금까지 제대로 된 창업을 경험해 볼 수 없었던 것은 어쩌면 너무 당연하다.

중요한 것은 지금의 사회는 더 이상 회사형 인간을 필요로 하지 않는다는 것이다. 기계와 시스템이 인간 대다수의 일을 대체하기 시작했고, 코로나로 인해 일하는 방식도 빠르게 개인화되고 파편화되며 근로 방식의 트렌드를 10년 이상 앞당겼다. 재택 근무가 당연한 시대가 되었고, 그로 인해 모두의 성과 평가가 더 시스템화되고 체계화되어 창의적으로 일하고 확실히 성과를 낼 수 있는 사람만 살아남을 수 있는 시대가 되었다.

장기적으로 '취업'이라는 형태의 계약 방식은 사라질 것이다.

모든 개인이 기업이 되고, 회사와 개인이 기업 대 기업으로 계약하는 형태가 될 것이다. 그만큼 개인의 역량과 그 역량을 직접 세일즈하고 마케팅해서 판매할 수 있는가도 중요해질 것이다. N잡, 긱 워커, 디지털 노마드, 파이어족 등의 신조어들이 생기는 것도 이런 사회의 변화를 암시하는 증거다.

구인난과 구직난이 동시에 일어나는 아이러니한 상황도 이런 배경에서 발생한 것이다. 경제와 기술, 사회의 발전 속도는 너무 빠른데 교육이 그 변화를 따라가지 못하고 한참 뒤처져 있다. 그래서 사회와 기업은 더 이상 부품(회사형 인간)이 필요하지 않은데, 교육은 아직도 과거에 머물러서 부품(회사형 인간)만 무수히 양산하고 있다. 회사 입장에서는 뽑을 사람이 없으니 구인난이 있고, 구직자 입장에서는 부품을 필요로 하는 회사가 없으니 구직난이 발생하는 것이다.

이제 사람이 회사의 부품이 되어야 할 이유가 사라졌다. 과거에 맞게 짜인 낡은 세트장에서 머무는 이들은 도태될 것이며, 그 낡은 세트장을 깨고 나오는 이들만이 결국 살아남게 될 것이다. 세트장을 깨고 나오기 위해 가장 먼저 해야 할 일은 창업이 위험하고 아무나 할 수 없는 것이라는 편견으로부터 벗어나는 것이다.

창업에 대해 잘못된 편견은 크게 다음과 같다.

- 창업을 하려면 수천만 원 이상의 많은 자본이 필요하다.
- 세상에 없는 기발한 아이디어가 있어야만 할 수 있다.
- 어떤 분야에서든 상위 1%의 역량을 가진 이들만 할 수 있다.
- 창업을 하다 실패하면 큰 빚을 지고 망하게 된다.

　물론 창업 중에는 큰 리스크를 감수해야만 하는 창업들도 존재한다. 하지만 단순하게 생각하면 내가 그런 리스크 있는 창업을 하지 않으면 그만이다. 그래서 창업형 인간의 창업 방식은 위 4가지 어느 것에도 해당되지 않는다. 수천만 원이 아닌 무자본에 가깝게 창업할 수 있으며, 꼭 세상에 없는 기발한 아이디어가 아니더라도 패스트 팔로어(fast follower) 전략을 이용해 창업을 할 수 있다. 또한 상위 1%만 할 수 있는 전유물 같은 것이 절대 아니며, 누구나 취업을 하는 것처럼 누구나 창업을 할 수 있다. 마지막으로 창업을 하다 실패했다고 해도 결코 망하거나 빚을 지게 되지 않는다.

　'창업이란 게 이렇게 쉽게 누구나 할 수 있었던 거라고? 말이 안 되잖아.'

　아직은 어떤 근거도 보여주지 않았기 때문에 쉽게 믿기 어려울 수도 있다. 한 가지 분명한 것은 앞으로 이야기할 창업형 인간에 대해 이해하고 나면 오히려 '내가 그동안 왜 창업을 어렵게 생각했던 거지?'라는 의문을 가지게 될 것이다.

미리 짚고 넘어갈 부분은 창업을 '회사를 차린다'는 거창한 개념으로 인식하기보다는 '내 직업을 직접 만든다'는 개념 정도로 인식해야 한다는 점이다. 회사를 차린다는 것 자체는 누구에게나 어렵고 부담스러운 일처럼 여겨질 수 있다. 창업은 회사를 차리는 것이 아니라, 단지 내가 스스로 나의 직업을 만들어서 소득 활동을 하는 것을 의미한다.

업이라는 것은 어떤 가치를 누군가에게 제공하고 그에 대한 대가로 돈을 받고 거래하는 일이다. 취업을 선택해서 일을 하고 있는 이들은 회사가 원하는 인재상, 스펙에만 집중해서 회사의 니즈와 입맛에 맞는 노동 가치를 제공하기 위해 노력했다. 회사만이 유일한 거래 대상이었던 것이다.

하지만 이제 학부모가 거래 대상이 될 수도 있고, 직장인이 거래 대상이 될 수도 있고, 노인이 핵심 거래 대상이 될 수도 있다. 이제는 이 다양한 거래 대상에게 직접 가치를 제공하고 거래를 해야 하기 때문에 그들의 원하는 바를 지속적으로 탐색해야 한다. 그리고 실제로 그들에게 어떤 가치를 제공했을 때 돈을 지불하는지, 만족하는지 등의 반응을 지켜보는 실험을 끊임없이 해야 한다. 실험을 끊임없이 하다 보면 자연스럽게 사람들이 어떤 것을 좋아하고, 언제 돈을 지불하는지에 대한 감이 생기게 된다. 이

감의 영역이 좋아지면 좋아질수록 창업의 성공 확률을 높일 수 있다.

사실 창업은 과학 시간에 하는 실험과도 같다. 'A용액과 B용액을 섞으면 어떤 색상의 결과가 나올 거야'라는 가설을 세우고 실제 A용액과 B용액을 섞어서 색상의 결과를 얻기 위해 검증을 하는 과학 실험처럼, 단지 '어떤 것을 특정 사람에게 제공하면 분명 이 정도의 돈을 지불하고 만족도를 느낄 거야'라는 가설을 세운 뒤 실제로 무언가를 특정 사람에게 제공해보고 그 사람의 반응을 관찰하는 실험에 가깝다.

예를 들면 어렸을 때 '할아버지, 제가 어깨 주물러 드릴게요. 용돈 1000원만 주시면 안 돼요?'라고 제안했다면 이것 또한 일종의 창업에 대한 실험이라고 볼 수 있다. 실제 할아버지가 그 제안을 받아들이고 1000원을 주고 어깨 안마를 받았다면 성공적인 실험인 것이고, 거절했다면 실패한 실험인 것이다. 설령 이 실험에 실패했다고 절망적인 상황이 펼쳐지던가? 전혀 그렇지 않다. 단지 거절당한 것에 대한 마음의 상처 정도가 전부일 것이다.

08 돈과 시간의 상관관계

내가 자기계발서에서 많이 하는 이야기 중 가장 싫어하는 말이 있다. 인생의 나이를 시계에 비유해서 '너의 인생은 아직 아침 9시밖에 되지 않았어'라는 말이다. 이미 불혹을 넘긴 이들에게는 이제 시작해도 늦지 않았음을 깨닫게 해주는 의미 있는 조언으로 해석할 수도 있다. 하지만 젊은 친구들에게 이 말을 했을 때는 큰 거짓이 섞여 있다.

저 말은 젊음의 시간과 노후의 시간을 동일한 가치로 여기는 것이기 때문이다. '젊음은 돈으로 살 수 없다'는 말처럼 20대의 10년이라는 시간 가치는 50대의 10년이라는 시간보다 훨씬 가치 있다는 것에 동의하지 않을 사람은 없을 것이다.

'20대에 10억이 생기는 것'과 '50대에 20억이 생기는 것' 중에 하나를 선택해야 한다면, 나는 주저 없이 전자를 선택할 것이다. 돈의 액수만 보면 후자가 낫겠지만 50대에 20억으로 누릴 수 있는 것보다 20대의 젊음과 함께 10억으로 누릴 수 있는 것이 훨씬 더 많기 때문이다. 이처럼 돈의 가치는 시간과 관계가 깊다. 그래서 단지 돈의 액수만 고려하는 것이 아니라 시간의 축을 고려해야 돈의 진정한 가치를 알 수 있다.

내가 정말 살고 싶은 멋있는 집이 있다고 가정하자. 그 집에 20대에 살 수 있게 되는 것과 50대에 살 수 있게 되는 것의 행복의 차이는 얼마나 클까? 내가 정말 타고 싶은 멋진 외제차가 있다고 가정하자. 그 차를 20대에 탈 수 있는 것과 50대에 탈 수 있는 것의 행복의 차이는 얼마나 클까? 당연히 누구나 다 젊은 20대에 더 많은 것들을 누리기를 원한다.

대출을 무조건 안 좋은 것이라고 인식하는 대부분의 사람들은 돈과 시간의 상관관계를 이해하지 못하고 있을 가능성이 높다. 대출을 빚이라고 인식하기보다 '미래에 벌 돈을 젊을 때 미리 끌어와서 쓰는 것'이라고 생각한다면 이야기가 달라진다.

원래대로라면 50대가 되어서야 누릴 수 있는 것들을 20대부터 누릴 수 있도록 미래에 벌 돈을 미리 당겨오는 것이 대출이다. 30년을 앞당겨서 살고 싶은 집에 살고 타고 싶은 차를 탈 수 있다면 그것은 대출로 내야 하는 이자보다 훨씬 더 많은 가치를 얻게 되는 것이다.

그래서 인생의 나이를 시계로 비유하며 아직 많은 기회의 시간이 있다고 자기 합리화해서는 안 된다. 하루라도 더 빠르게 경제적으로 독립하고 젊음과 함께 더 많은 것들을 누릴 수 있도록 해야 한다. 하루라도 더 빠르게 성공하면 인생 전체를 봤을 때 더 많은 행복을 채울 수 있다.

PART 2부터는 본격적으로 부의 공식을 실현하기 위해 '창업형 인간'으로 변화하고 실험하고 실행하는 과정에 대해 이야기한다. 창업형 인간은 인생의 최대치의 행복 총량을 목표로 하기 때문에 천천히 꾸준히 성장하는 것이 아닌 '빠른 성장과 빠른 목표 달성'을 추구한다. 효율적으로 빠른 시간 내에 밀도 높은 성장을 하고 목표를 달성하는 것이 창업형 인간이다.

PART 2

치트키 1단계
인간 자체를 개조하라

01 모르는 게 약이다

한 가지 경고를 하겠다. 앞으로 이야기할 내용은 어쩌면 여러분을 극심한 고통과 불행으로 이끌 수 있다. '모르는 게 약이다'라는 속담처럼 때론 세상의 진실들을 모르는 것이 인생을 더 행복하게 해줄 수 있다.

다음 사례를 보자. A와 B라는 사람이 있다. A와 B는 같은 나라에 살고 있는데 이 나라는 부유하지 않다. 이 나라에서는 모든 시민이 하루 세끼의 식사를 나라에서 배당해주는 정해진 음식을 먹고 살아야 한다. 그리고 직업을 선택할 수 있는 권리도 없다. 모든 시민의 직업을 나라에서 직접 지정해준다. 휴가도 나라에서 통제하며 연애도 지정된 사람하고만 할 수 있다.

심지어 통제가 심해 모든 시민들이 다른 나라의 존재조차 모른다. 모든 시민들은 이 나라가 유일한 나라라고 알고 있고 이런 제약들이 당연하다고 여기며 세상의 모든 사람들이 자신과 동일한 환경에서 살아가고 있다고 믿는다.

하지만 그중에서도 A와 B는 특권층이었다. 지위가 높은 부모님 밑에서 자라서 일반 시민보다는 상대적으로 특혜를 얻고 있었다. 매주 두 번 정도는 정해진 음식이 아닌 고급스러운 음식을 먹을 수 있었고, 심지어 원하는 직업을 선택할 수도 있었다. A와 B는 주변의 남들보다 자유로운 특권층이었기에 스스로 행복한 사람이라고 생각했고 실제로도 행복했다.

그런데 어느 날 B는 충격적인 사실을 알게 된다. B는 부모님으로부터 다른 나라의 존재를 듣게 됐다. 그 다른 나라는 지금 살고 있는 나라보다 훨씬 자유롭다. 먹고 싶은 것이 있으면 원하는 만큼 돈을 직접 벌어서 사 먹을 수 있었고, 원하는 직업을 선택하여 성과가 나오면 더 많은 수입을 만들 수도 있었다. 쉬고 싶을 때 쉴 수 있었고 자유롭게 연애도 할 수 있었다. 지금까지 자신의 나라가 세상의 전부라고 믿었던 B는 훨씬 더 살기 좋은 새로운 세상이 존재한다는 것을 깨닫게 된다.

그 이후로부터 B는 불행해졌다. 지금 삶보다 더 나은 삶을 살 수 있는 다른 나라에 대해 선망하기 시작했고, 지금 본인의 처지를 낙담하게 된다. 다른 나라로 마음대로 갈 수도 없고 이 환경에서 갇혀 있어야 하는 상황에 좌절했다.

반대로 A는 여전히 행복하다. 지금 내가 아는 것이 세상의 전부라고 믿고 있으며, 그 세상 안에서 만큼은 내가 주변보다 더 나은 특혜를 누리며 살고 있기 때문이다.

A와 B의 환경과 상황은 어느 것도 달라진 게 없다. 여전히 둘 다 같은 수준의 특혜를 얻고 있다. 하지만 지금부터 A와 B의 삶은 행복과 불행으로 명확하게 나뉘게 된다. B가 더 넓은 세상이 있다는 사실을 알게 되면서 더 넓은 시야를 얻게 되었기 때문이다.

이 이야기에서처럼 오히려 더 넓은 세상이 있다는 것과 세상의 진실을 깨닫는 것은 역설적으로 인생을 더 불행하게 만들 수도 있다. 그래서 유튜브나 TV에서 자수성가한 사람들이 성공 노하우를 이야기하면, 댓글로 그들의 성공을 운으로 치부하거나 비하하고 깎아내리며 인정하지 않는 것이 자신의 행복을 지키기 위해 오히려 현명한 방법일 수 있다. 그들의 성공이 피나는 노력에 의한 것이고 그 방법대로 하면 성공할 수 있다는 것을 인정하면, 부지런히 노력하지 않아 성취하지 못한 자신이 더 초라해지고 무기력해질 수 있기 때문이다.

세상을 행복하게 살 수 있는 2가지 방법이 있다.

첫 번째는 내가 모르는 더 넓은 세상이 있음을 부정하고 믿지 않으며, 내가 아는 것이 전부라고 믿고 만족하면서 사는 '무지에서 오는 행복'이 있다. 그래서 유튜브, 인터넷 등에 성공하기 위한 수많은 방법들이 보란 듯이 전부 공개되어 있고 떠다니지만 대부분의 사람들은 그것들을 전부 거짓이고 사기라고 말하며 애써 외면한다. 그 말들이 진실이라고 하더라도 자신은 실천하지 못할 것을 알기 때문에 방어시스템이 작동하여 상대적 박탈감과 정신적인 불행을 줄이려고 부정하는 것이다.

두 번째는 더 넓은 세상이 있음을 깨닫고 피나는 노력을 통해서 성공한 삶을 '쟁취하여 오는 행복'이다. 성공한 사람들의 방법을 받아들이고 노력만 하면 성공할 수 있다는 믿음을 가지고 실행해서 성공을 쟁취한 사람들은 무지를 통한 행복을 선택한 사람보다 더 큰 폭의 넓은 행복을 누릴 수 있다.

가장 불행해지는 것은 넓은 세상이 있다는 것을 인정하고 이해하고 있으나, 스스로 실천하거나 노력하지 못해서 박탈감과 패배감을 느끼게 되는 경우이다. 사례에서 이야기했던 B처럼 더 넓은 세상에 대해 깨달았지만 아무것도 할 수 없는 상황에 오히려 불행을 느끼게 되는 것과 같다.

단언컨대 이 책을 다 읽고 난 독자는 크게 2가지 부류로 나눠

지게 될 것이다. 어떻게든 책의 내용이 진실이 아니라고 부정하고 비난하며 실행하지 않는 자신을 합리화하려는 이들이 있을 것이고, 책의 내용을 온전히 받아들이고 그대로 실천해서 결국은 성과를 얻어내는 이들이 있을 것이다.

앞서 이야기했듯이 책을 읽고 누구나 성공할 수 있는 공식이 있다는 것을 인정하는데 반해 스스로는 나태하여 끝내 실천하지 못한다면 결국 불행해질 수밖에 없다. 그래서 자신의 행복을 지켜내기 위해서 2가지 중 하나를 선택할 수밖에 없는 것이다.

어차피 전자의 선택을 하고 실행할 각오가 되지 않은 이들이라면 이 책을 시작부터 읽지 않을 것을 강력하게 권장한다. 아쉽게도 이 책에서의 내용은 모두 진실이며 당신의 부정적 논리로 어떻게든 비난할 수 있을 만큼 추상적이지 않다. 그래서 책 내용을 마지못해서라도 인정할 수밖에 없을 것이며, 그럼에도 실천하지 않는 자신 때문에 결국 불행하다고 느낄 가능성이 크다. 불행해지느니 차라리 읽지 않는 게 분명 더 나은 선택일 것이다.

반대로 읽기로 결정했다면 이미 실행해서 쟁취하는 삶을 살아야만 하는 출발점에 들어선 것이다. 출발점에 들어선 이상 유일하게 행복할 수 있는 방법은 넓은 세상에 뛰어들어 직접 실천하여 쟁취하는 것뿐이다.

02 창업형 인간의 정의

PART 1에서 크게 경제적 자유를 얻어야 하는 이유와 경제적 자유를 얻기 위한 가장 합리적인 선택지가 창업이라는 점에 대해 이야기했다. 우리는 창업을 실행하기에 앞서 창업형 인간으로 변화해야 한다. 그래야 단기간 내에 밀도 높은 성장을 해서 더 빠르게 창업의 성공 확률을 높일 수 있다.

창업형 인간은 크게 2가지로 정의할 수 있다.

1. 세상에 반복적인 실험을 할 수 있는 사람이다.

창업은 세상의 사람들을 대상으로 무언가를 제공해보고 반응을 보는 실험을 반복적으로 하는 것이다. 창업형 인간에게 창업이란 실험은 밥 먹는 것, 씻는 것과 같이 일상적인 것이 되어야 한다. 창업을 하는 것이 인생에 큰 이벤트가 아닌 일상 그 자체가 되어야 한다는 의미다.

2. 회사에 의존하지 않고 스스로 소득 활동을 언제든 할 수 있는 사람이다.

지금까지 회사라는 하나의 거래 대상과의 거래에만 의존해 소득 활동을 하는 것이 전부였다면 이제 회사뿐만 아니라 더 많은 거래 대상과 거래하고 소득 활동을 할 수 있어야 한다. 누군가에게 필요한 가치를 만들고 제공해서 그에 맞는 대가를 언제든 받을 수 있는 사람이 되어야 한다.

실험을 밥 먹듯 반복하고 회사에 의존하지 않고 소득활동을 해야 한다는 것이 어렵게 느껴질 수 있다. 창업형 인간이 되는 것은 정말 어려운 것일까? 그렇지 않다. 누구나 다 창업형 인간이 될 수 있다.

한 가지 사례로 90세가 다 되어 가시는 나의 친할머니도 완성형 창업형 인간에 가깝다. 언제든 창업을 실험처럼 하고 계시고, 회사에 의존하지 않고 스스로 언제든 소득 활동을 할 수 있는 분이시다.

'할머니가 큰 사업을 하셨구나', '뭐야, 원래 집안 대대로 금수저였네'라고 생각할 수 있을 것이다. 친할머니는 많은 연세에도 아직도 집에서 혼자 젓갈을 만들어 장터에 나가서 팔고 계신다. 매번 젓갈의 맛과 종류를 바꿔가면서 장터에 나가 직접 고객들에게 팔아보고 고객의 반응을 지켜보면서 더 좋은 상품을 만들기 위해 끊임없는 실험을 반복하신다. 그리고 누군가에게 강제된 것이 아닌 본인이 소득 활동을 하고 싶을 때에만 장터에 나가서 판매하신다.

내가 이야기하는 창업형 인간의 조건에 매우 부합한다. 재미있는 것은 오히려 과거 할머니, 할아버지 세대에는 창업형 인간이 훨씬 더 많았다는 사실이다. 그 시절에는 회사에 취업을 하기보다 스스로 장터에 나가 물건을 파는 것이 더 당연한 시대였다. 장터에서 어떤 상품들을 어떤 사람들이 더 좋아하는지 끊임없는 실험을 하는 것은 생존을 위해 당연한 일이다. 지금 누구나 알 만한 굴지의 대기업들을 만든 사람들은, 대부분 시장에서 물건을 떼다가 팔며 매일같이 실험하던 창업형 인간 창업가들이었다. 오히려 그 시절에는 대부분의 사람들이 창업형 인간이었기 때문에 지금의 대기업들이 존재할 수 있었던 것이다.

하지만 PART 1에서 이야기했듯이 할머니, 할아버지 세대와는 다르게 우리는 트루먼처럼 세트장 안에 갇혀 철저하게 부품(회사형 인간)으로 자라왔다. 그래서 지금까지 창업형 인간처럼 세상에 끊임없이 실험을 해본 적도 없을 것이고, 근로 소득이 아니면 세상에 돈을 벌 수 있는 방법은 없다고 생각했을 가능성이 높다.

우리는 자라면서 창업형 인간이 되기 위한 일말의 교육도 받은 적이 없다. 이처럼 우리가 지금껏 창업형 인간이 될 수 없었던 것은 타고난 재능이 없어서가 결코 아니다.

할머니, 할아버지 세대에는 모두가 장터에 나가 물건을 팔아야 하는 환경이었기 때문에 모두가 창업형 인간이었던 것처럼, 우리도 단지 자라온 환경이 회사의 부품으로 키워지는 것에 적합했기 때문에 회사형 인간이 된 것뿐이다. 그저 환경의 차이였을 뿐이기 때문에 환경만 바꾸면 누구나 창업형 인간이 될 수 있다는 뜻이다.

PART 2에서는 여러분들을 완벽한 창업형 인간으로 개조시켜 줄 수 있는 방법론에 대해 이야기한다. 할머니, 할아버지 세대가 그랬듯이 우리도 이제 시장에 나가 자유롭게 내가 만든 상품을 언제든 판매하고 돈을 벌 수 있는 창업형 인간이 되어야 한다. 그렇다고 지금 시대를 사는 여러분들에게 저잣거리 장터에 나가서 젓갈을 팔라는 의미가 아니다. 지금 시대의 시장은 오프라인 저잣거리가 아니라 바로 인터넷 온라인 시장이다. 온라인 시장에서 자신의 상품을 홍보하고 판매할 수 있는 창업형 인간이 되어야 한다.

이제부터는 본격적으로 창업형 인간으로 만들어주는 적합한 사고방식과 세상을 바라보는 관점 그리고 마인드셋까지 모든 것을 세부적으로 배울 것이다. 다시 한번 이야기하지만 창업형 인간은 태어날 때부터 타고나는 것이 아니다. 방법론을 깨닫고 이해한다면 충분히 창업형 인간이 될 수 있다.

03 인간의 시스템에 대한 이해

　대부분의 사람들은 자신을 굉장히 고차원적인 존재로 여긴다. '나는 한 가지로 정의할 수 없는 복잡하고 위대한 존재'라고 생각하는 것이다. 예를 들어 MBTI 같은 성격 유형 검사를 극도로 싫어하는 사람들이 이런 경우에 해당한다. 인간이라는 위대한 존재를 단지 16가지 성격 유형으로 분류하는 것을 인정할 수 없다고 이야기한다.

　이들의 주장처럼 인간의 성격이나 특성은 절대 변하지 않는 상수 같은 것이 아니다. 평생 결코 고정되어 있지 않으며 환경의 변화나 충격적인 사건, 지속적인 훈련 등으로 인해 성격이나 특성은 얼마든지 다양하게 변화할 수 있다.

하지만 인간의 성격과 특성이 언제든 변할 수 있는 변수라는 것이 '현재의 나'를 유형화하고 정의 내리지 않아도 된다는 이유가 될 수는 없다. '현재의 나'에 대해 유형화하고 정의를 내리는 작업들은 최근 교육 시장에서 학습 효과를 높이기 위한 방법으로 가장 중요하게 대두되고 있는 메타인지 역량과 긴밀한 관련이 있기 때문이다.

메타인지 역량은 인간의 성장과 발전을 위해 매우 중요한 역량이다. 메타인지는 '인지를 인지한다'라고 해석한다. 구체적으로는 나라는 사람이 어떤 사고를 하고 있고 왜 그런 사고를 하게 된 것인지 제3자의 관점에서 객관적으로 바라보고 해석할 수 있는 능력이 메타인지 역량이다. 내가 무엇을 잘하는지, 못하는지, 좋아하는지, 싫어하는지를 정확히 아는 능력도 메타인지 역량에 해당된다. 스스로를 어떤 유형의 사람이라고 정의 내리지 못하는 사람은 당연히 메타인지 역량이 현저히 떨어질 수밖에 없다. 어떤 사건에 의해 특정 감정이 발현되었을 때 자신이 왜 그런 감정을 느꼈는지에 대해서 논리적이고 객관적으로 해석하기 어렵기 때문이다.

예를 들면 나는 많은 사람들 앞에서 강의를 한 후 그들의 만족도 높은 반응을 볼 때 굉장히 높은 수준의 행복한 감정을 느낀다. 나는 그 시점에서 내가 왜 높은 행복감을 느끼는지 정확히 이해하고 있다. 나는 스스로를 '많은 사람들에게 인정받았을 때 큰 행복을 느끼는 명예욕구가 있는 사람'이라고 정의하기 때문이다. 사람들로부터 인정받았을 때 행복을 느끼는 사람이라는 것을 명확히 이해하고 있기 때문에, 내 삶을 더 행복하게 변화시키기 위해 많은 사람들을 지속해서 가르치는 일을 하는 것이다.

반대로 '나는 어떤 사람이야'라고 명확히 정의 내리지 않았다면, 강의를 끝내고 느끼는 행복감에 대해 스스로 왜 그런 감정을 느끼는지 해석하기 어려웠을 것이다. 자기 자신의 감정 발현에 대해 해석할 수 있는 기준점이 없기 때문이다. '더 많은 사람을 가르쳐서 내 삶이 더 행복하게 만들자'라는 결론에도 결코 도달할수 없었을 것이다.

그래서 창업형 인간이 되기 위해서는 끊임없이 자기 자신을 유형화하고 정의 내리는 작업이 필요하다. 자기 자신을 유형화하고 정의 내리는 것만으로도 메타인지 역량을 높일 수 있으며 결과적으로 자신의 발전과 성장의 기반이 될 수 있다.

보다 더 쉽게 '현재의 나'를 유형화하고 정의 내리기 위해서는 차라리 나 자신을 기계 정도로 해석하는 편이 더 낫다. 스스로를 로봇처럼 여러 시스템이 탑재된 기계라고 해석하면 된다. 그래서 내게 어떤 입력값이 들어오면 어떤 출력값을 내는가에 대한 이해도를 높이는 것이다. 앞선 예시에서 이야기했듯이 '나'라는 기계에는 '사람들로부터 인정받는 상황에 대한 입력값이 들어오면 도파민이 분비되어 행복 감정을 출력값으로 내는 시스템'이 탑재되어 있는 것이다.

입력값   나의 시스템   출력값

이렇게 나 자신을 기계라고 생각하고 그 기계 안에 탑재되어 있는 시스템을 하나씩 파악하다 보면, 그동안 나라는 사람에 대해 굉장히 추상적으로 생각했던 대부분의 것들을 구체화할 수 있게 되고 명시적인 정답을 내릴 수 있게 된다. 그리고 시스템을 정의 내리는 작업이 익숙해지면 시스템을 나의 성장을 위한 장치로 응용까지 할 수 있다. 반대로 나의 시스템을 확실히 이해하지 못하면 시스템을 스스로 통제하는 것이 아니라 오히려 시스템에 의해 조종당하고 지배당하게 된다.

물론 '현재의 나'가 가지고 있는 모든 시스템들이 평생 동안 지속되리라는 보장은 없다. 어떤 시스템은 나이가 들어감에 따라 어느 날 새롭게 탑재되기도 하고, 몇몇 시스템은 완전히 사라지기도 한다. 예를 들어 내가 나이가 들고 남성 호르몬 분비가 줄어들어 여성성이 강해지면 기존의 지배욕구에 의해 작동하던 시스템은 사라질 수도 있다. 그래서 '현재의 나'에게 탑재되어 있는 시스템에 대해 지속적으로 성찰하고 탐구하여 업데이트해 나에 대한 이해도를 높여야 한다.

또한 본인에게 탑재된 고유한 시스템을 파악하는 것뿐만 아니라, 생존을 위해서 모든 인간에게 공통적으로 탑재된 시스템을 이해하는 것도 중요하다. 모든 인간이 가지고 있는 공통적 시스템은 바로 '망각시스템'과 '방어시스템'이다.

망각시스템

'사람은 망각의 동물이다'라는 이야기처럼 실제로 모든 인간은 공통적으로 망각시스템을 탑재하고 있다. 망각시스템은 인간의 생존을 위해서 꼭 필요한 시스템이기 때문이다. 만약 망각시스템이 인간에게 없었다면 어떻게 되었을까?

어떤 슬픈 사건이 발생했는데 그 슬픔의 감정이 망각되지 않고 몇 년 동안 끊임없이 지속된다면 정신적인 고통을 이기지 못하고 끝내 생존할 수 없었을 것이다. 반대로 행복이란 감정도 마찬가지다. 한번 얻게 된 행복이란 감정이 망각되지 않고 몇 년 동안 끊임없이 지속된다면 인간은 새로운 행복을 얻기 위해 도전할 이유가 없었을 것이며 마찬가지로 지금까지 생존하지 못했을 것이다.

감정뿐만 아니라 정보에 대한 기억 또한 망각시스템에 의해 지속적으로 삭제된다. 인간의 뇌는 컴퓨터 메모리처럼 한정된 용량이 존재하며 담을 수 있는 정보의 양에 한계가 있기 때문에 불필요하다고 판단되는 과거 기억들을 자동으로 삭제한다. 이 망각시스템이 스스로에게 탑재되어 있다는 것을 자각하고 활용할 줄 아는 것이 창업형 인간에게는 매우 중요하다.

실제로 컴퓨터에도 인간의 두뇌 기능을 본 따서 만들어진 망각시스템의 역할을 하는 가비지 콜렉터(garbage collector)라는 시스템이 있다. 한정된 메모리 사용량을 극대화해서 사용하기 위해 불필요한 정보라고 생각되는 것들을 주기적으로 알아서 삭제한다.

방어시스템

사람들은 자신에게 해가 되거나 스트레스가 될 만한 위험을 감지하면 피하려는 본능을 가지고 있다. 당연한 이야기지만 만약 인간이 위험을 피하려는 방어시스템을 가지고 있지 않았다면 자신에게 해가 되는 상황들을 피하지 않았을 것이고 인간이라는 종족 자체가 지금까지 생존하지 못했을 것이다.

재미있는 건 현대에 와서는 이 방어시스템이 과잉 작동하는 경우들이 많다는 것이다. 오히려 성장할 수 있는 기회의 순간임에도 불구하고 리스크라고 인지하여 피하게 하고 기회를 잃게 만드는 것이다.

방어시스템이 현대에 와서 오작동하는 이유는 이 시스템에 미래까지 내다볼 수 있는 기능이 없기 때문이다. 과거 선사 시대에 인간이 생존하기 위해서는 굳이 미래까지 고려해서 리스크를 계산해야 할 이유가 없었다. 단지 지금 당장 나의 생존에 위험 요소가 되는가를 판단하면 충분했기 때문에 현재의 리스크에만 집중하도록 만들어진 것이다.

현대에 와서는 단기적으로는 작은 위험이 되지만, 장기적인 미래까지 고려했을 때는 큰 이득을 줄 수 있는 많은 기회들이 있다. 방어시스템이 존재한다는 것과 방어시스템이 미래까지 계산할 수 없다는 것을 인지하지 못하고 있었다면 아마도 지금까지 수많은 기회들을 위험이라고 인지하고 회피했을 가능성이 높다. 이제 이것을 인지한 이후부터는 스스로 방어시스템을 업데이트해야 한다. 현재의 리스크에만 집중하여 작동하는 옛날 버전의 방어시스템에 의존하면 당연히 경쟁력을 가질 수도 없고 성장하지도 못할 것이다. 미래에 얻게 되는 이득까지 고려하여 위험 정도를 판단할 수 있는 시스템으로 업데이트해야 한다.

인간이 가지고 있는 '망각시스템'과 '방어시스템'은 생각보다 인생의 많은 부분에서 관여하여 운명을 좌지우지하고 있다. 그래서 앞으로 창업형 인간에 대해 이야기하면서 단골로 등장하는 단어가 될 것이다.

04 뇌 메모리 확장하기

　고등학교 때 전교 1등인 친구와 짝이 된 적이 있다. 키순으로 자리를 배정하는데 그 친구도 나 다음으로 키가 작아서 짝이 되었다. 난 반에서 항상 성적이 중간 정도 하는 평범한 학생이었기 때문에 전교 1등인 친구를 옆에서 지켜볼 수 있다는 것은 나에게 좋은 기회였다. 혹시라도 그 친구만 아는 공부 노하우 같은 것들을 알아낼 수도 있다는 기대가 있었던 것이다.

　그런데 짝이 된 후 2개월이 지나도 학습의 방식에서 큰 노하우나 차이를 발견하지 못했다. 그나마 좀 특이한 점이라면 전교 1등이라고 딱히 필기를 열심히 하거나 정리 노트를 잘 만들지 않는다는 점이었다. 오히려 대부분의 시간을 멍하니 책을 바라보며 읽기만 했다. 그래서 한 번 직접 물어보기로 했다. "넌 어떤 식으로 공부해서 매번 전교 1등을 놓치지 않는 거야?"라는 질문에 돌아온 그 친구의 답변은 나에게 큰 충격으로 다가왔다.

"난 머릿속에 가상의 공책을 그려. 그리고 그 가상의 공책에 페이지별로 요점 정리를 해두는 작업을 하거든. 나중에 시험 볼 때 머릿속에 있는 가상의 공책을 꺼내서 문제를 풀면 돼."

한마디로 그 친구는 남들에게는 보이지 않는 오픈북을 할 수 있는 두뇌를 가지고 있었다. 그때 난 그 친구의 말을 듣고 좌절했다. 그리고 '이런 천재들과 경쟁하기 위해서는 어떻게 해야 할까? 이런 천재들만큼 빠르게 성장하고 성과를 내기 위해서 뭘 해야 하지?'라는 질문을 스스로 끊임없이 하기 시작했다. 모든 전교 1등이 이 친구 같은 천재는 아니겠지만 지금 와서 보면 세상에는 그 친구보다 더 뛰어나고 타고난 천재들이 널리고 널렸다.

이때부터 난 그들과 나의 뇌 용량과 활용에 차이가 있다는 것을 인정했고 그 한계를 극복하기 위해 컴퓨터에 외장 하드와 램과 같은 추가 장치를 이용해 성능을 높이는 것처럼 추가적인 장치들을 사용해야 한다는 것을 깨달았다.

외장 하드는 컴퓨터의 저장 용량을 늘려주는 역할을 한다. 램은 컴퓨터에서 각종 응용프로그램의 일시적 로딩, 실시간으로 사용하는 정보를 일시적으로 저장하는 역할을 한다. 램의 크기가 클수록 많은 프로그램들을 병렬적으로 작동시킬 수 있다.

예를 들어 웹서핑을 하다가 너무 많은 창을 열었거나, 게임, 카카오톡, PPT, 웹사이트 등 너무 많은 프로그램을 동시에 켜놓아서 컴퓨터가 느려지는 현상을 경험해 본 적이 있을 것이다. 이것은 램의 크기(동시에 여러 개 프로그램을 실행할 수 있는 용량)가 한정되어 있기 때문인데, 램을 추가로 사서 장착하면 더 많은 프로그램을 동시에 원활하게 실행시킬 수 있게 된다.

사람에게 외장 하드와 램의 역할을 하는 것이 바로 '글쓰기'다. 뇌를 컴퓨터처럼 업데이트할 수는 없다. 하지만 글쓰기를 하면 외장하드와 램을 사용하는 것과 같이 뇌의 활용도를 최대치로 높일 수 있다.

글쓰기를 외장 하드로 이용하기

인간은 기본적으로 한정된 뇌 용량을 가졌을 뿐만 아니라 망각시스템을 탑재하고 있다. 한정된 뇌 용량을 죽을 때까지 사용하려면 지속적으로 저장된 정보 일부들을 삭제해야만 한다. 따라서 이전에 떠올렸던 신박한 아이디어나 발전적인 계획, 꼭 기억하고 싶은 추억들까지도 망각시스템에 의해 언제든 삭제될 수 있다. 우리는 그것들을 백업하고 저장하기 위해서 글쓰기(외장 하드)를 활용해야 한다.

글쓰기를 이용하면 내 생각과 계획, 목표들을 지속해서 꺼내보며 리마인드할 수 있고 체화시킬 수 있다. 앞서 이야기했던 전교 1등 친구처럼 모든 기억과 정보를 뇌에 저장할 수 있고, 머릿속에서 가상의 공책을 꺼낼 수 있는 수준이 아니라면 글쓰기를 적극적으로 이용하여 뇌의 용량을 확장해야 한다.

특히 우리가 아주 가끔 떠올리는 기발한 아이디어는 더욱더 빠른 휘발성을 가지고 있다. 아이디어를 생각해냈다가도 잠깐 방심하고 있으면 금방 휘발되어 기억 속에서 사라진다. 그래서 아이디어가 떠올랐을 때 바로 글쓰기나 메모를 하는 것은 필수적이다. 나중에 해당 아이디어를 떠올릴 수 있게 간단한 단어로 축약하여 휴대폰 등을 이용해 빠르게 메모하는 습관을 기르자.

글쓰기를 램으로 이용하기

뇌는 여러 가지 일들을 병렬적으로 처리하는 것에 많은 한계가 있다. 하지만 글쓰기(램)를 활용하면 사람도 다양한 일을 병렬적으로 동시에 수행할 수 있다. 나는 현재 학원 사업, 온라인 교육 사이트, 렌탈 스튜디오, 용품 임대업 등 전혀 다른 시장과 성격의 사업들을 8가지 동시에 운영하고 있다. 심지어는 이것에 덧붙여서 지금은 책까지 집필하고 있다. 많은 사람들이 한 가지도 하는 게 쉽지 않은데 어떻게 여러 가지를 모두 잘할 수 있냐는 질문을 한다. 이 모든 것들을 체계적으로 운영할 수 있는 비결은 100% 글쓰기에 있다.

많은 일을 병렬적으로 하다 보면 모든 일을 다 기억하기 어렵다. 그래서 모든 사업별 계획과 To-Do 리스트를 글로 정리해서 체계적으로 관리한다. 매일 저녁 자기 전에 각 사업별로 내일 해야 할 일을 글로 정리하고, 다음 날이 되면 정리된 일을 하나씩 빠르게 처리하는 업무를 매일 반복한다.

사실상 나의 노트북에 작성해놓은 사업 스케줄과 계획 관련 글들이 모두 삭제된다면 사업적으로 큰 리스크가 생길 만큼 나는 글쓰기에 많은 부분을 의지하고 있다. 정보의 저장과 계획을 나의 뇌가 아닌 기록에 철저히 의존하고 있는 것이다. 글쓰기만 잘할 줄 알아도 뇌의 활용도를 높이고 여러 업무를 병렬적으로 처리하는 것이 가능하다.

글쓰기는 모든 사고와 생각들을 정리하고 정렬해서 가시성 있게 관리할 수 있는 하나의 도구이기도 하다. 컴퓨터 바탕화면을 떠올려보자. 바탕화면에 무수한 폴더와 파일들이 알 수 없는 이름으로 산재되어 있다면 어떤 정보를 바탕화면에서 찾고자 할 때 많은 시간 낭비를 한 후에야 찾아낼 수 있을 것이다.

글쓰기를 하지 않는 당신의 머릿속 정보들은 전혀 정리되어 있지 않은 바탕화면과 같다. 하지만 모든 폴더와 파일에 적절한 이름이 적혀 있고 정확히 분류되고 정리되어 있다면 어떤 정보를 찾고자 할 때 쉽고 빠르게 찾아낼 수 있다. 글쓰기는 여러분의 머릿속에 산재되어 떠돌아다니는 많은 정보들을 정리해주는 역할을 한다. 그래서 글쓰기를 하면 당신의 머릿속이 깔끔한 바탕화면처럼 바뀌게 된다.

창업형 인간이 되기 위해서 글쓰기는 필수적이다. 지금까지 글쓰기를 하지 않았다면 당신의 뇌는 도스 시절 버전의 낡은 컴퓨터와 같을 것이다. 하지만 누구나 글쓰기를 통해 저장 용량을 확장하고 다양한 일을 동시에 수행할 수 있는 더 성능 좋은 최신 컴퓨터가 될 수 있다.

05 주관을 만드는 법, 정체성 이론

주변에 어떤 대화 주제가 나와도 마치 사전에 준비한 것처럼 자기 자신만의 의견을 뚜렷하게 이야기하는 사람들이 있다. 그들의 의견이 정답이거나 정답이 아닐 수도 있지만 중요한 것은 본인만의 확실한 논리와 근거가 있다는 것이다. 우리는 그런 사람들을 보고 '주관이 뚜렷하다'라고 이야기한다.

반대로 어떤 주제의 이야기가 나와도 뚜렷하게 자신의 의견을 이야기하지 못하는 사람들도 있다. 이들은 다른 사람의 서로 반대되는 주장을 들으면서 이쪽 주장도 맞는 것 같고, 저쪽 주장도 맞는 것 같다는 식의 중립을 지킨다. 단순히 어떤 주제에 대한 토론뿐만 아니라 함께 무언가를 계획하고 추진함에 있어서도 자신만의 논리와 주장이 모호하다. 우리는 이런 사람들을 보고 '우유부단하다'고 이야기한다.

이 2가지 유형의 사람에게 가장 큰 차이는 무엇일까? 바로 정체성이 확립되었는가 아닌가에 대한 차이라고 볼 수 있다. 많은 사람들은 우유부단함을 성격 유형의 하나 정도로 치부하지만 이들의 공통점은 자기 정체성을 가지고 있지 않다는 것이다.

후자 유형의 우유부단한 사람들은 어떤 사회적 현상, 감정 상태, 토론 주제 등의 무언가를 고민을 해야 하는 상황에 직면했을 때 논리적으로 결론을 내리기보다 빠르게 회피하는 것에 익숙한 사람들이다. 깊게 생각해야 하는 주제가 있으면 짧게 머릿속으로만 추상적으로 고민하다가 이내 회피해 버린다.

예를 들어 직장 상사와의 갈등, 연인과의 갈등 등의 스트레스를 받는 상황에 직면했다고 가정해보자. 후자 유형의 사람들은 스트레스 상황을 회피하는데 집중한다. 잠을 자거나 친구를 불러서 술을 진탕 먹거나 게임을 하는 등 자신만의 방식으로 스트레스 상황을 빠르게 회피하려고 하는 것이다. 이런 스트레스 상황을 무조건 회피하려는 행위는 인간의 방어시스템 때문이다. 방어시스템은 단순히 물리적인 위험뿐만 아니라 정신적인 위험도 감지하여 회피하라는 명령을 내린다. 스트레스 상황을 위험으로 간주하는 것이다.

하지만 스트레스 상황을 무조건 회피하는 것은 장기적인 관점에서 전혀 도움이 되지 않는다. 다음에도 똑같은 스트레스 상황이 발생할 가능성이 높기 때문이다. 스트레스 상황에 처음 직면했을 때 그 스트레스의 원인과 해결 방안에 대한 논리적인 결론들을 만들어 두었다면 다음에 같은 상황이 왔을 때 쉽게 대처할 수 있다. 하지만 단기적인 리스크만을 고려하여 어떤 논리적 결론과 성찰 없이 회피만 하게 되면 같은 문제로 여러 번 반복적인 스트레스를 받게 될 가능성이 매우 높다.

앞서 이야기했듯이 방어시스템은 미래 상황을 고려하지 않고 지금 현재의 위험 요소만을 두고 판단한다. 지금의 작은 위험을 무조건 회피하는 것보다 차라리 문제에 직면하여 충분히 고민하고 해결하는 것이, 미래에 반복적으로 발생할 수 있는 위험을 줄이고 결과적으로 더 큰 행복 총량을 만들어줄 수 있다는 것을 인지하지 못한다. 만약 여러분이 같은 이유로 스트레스를 받는 일이 반복적으로 발생한 경험이 있다면, 방어시스템에 의해 해당 상황에 대해 무조건적인 회피만을 선택했기 때문일 가능성이 높다.

반대로 전자 유형의 주관이 뚜렷한 사람들은 일반적으로 어떤 고민을 해야 하는 상황에 직면했을 때 그 고민에 대해서 본인만의 논리적인 결론을 내리는데 익숙한 사람들이다. 그들이 매번 어떤 주제에도 자신의 의견을 뚜렷하게 이야기할 수 있는 것은 타고난 천재라서가 아니라, 대부분의 주제에 대해서 그들만의 논리를 만들고 이미 결론을 내본 경험이 있기 때문이다.

이처럼 살면서 대부분의 주제에 대해서 본인만의 논리적인 결론을 내린 이들은 자기 정체성을 확립하게 된다. '자기 정체성'이라는 것은 '내가 논리적으로 내린 결론의 총합'이라고 볼 수 있다. 내가 내린 결론이 하나씩 쌓이다보면 그것이 바로 나라는 사람으로 완성되는 것이다. 내가 어떤 순간에 행복한 사람인지도 결론들이 정리될 것이며, 내가 무엇을 잘하는 사람인지도 정리가 될 것이다. 또한 내가 어떤 순간에 스트레스나 슬픔을 느끼는 사람인지도 정리될 것이며, 내가 어떤 가치를 추구하는 사람인지도 정리가 될 것이다.

모든 고민의 상황에서 자신만의 논리적인 결론을 내리고 가는 것은 자기 정체성을 만드는 가장 확실한 방법이다. 그리고 어떤 주제에 대해 논리적 결론에 도달하기 위해 꼭 해야 하는 것이 바로 글쓰기다. 인간의 뇌는 꼬리에 꼬리를 무는 복잡한 논리를 머릿속으로만 정리하고 결론을 낼 수 있을 정도로 똑똑하지 못하다. 그래서 자신의 뇌를 너무 과신해서는 안 된다. 정치인, 단체장, 각 분야의 전문가 등 나름 엘리트라고 불리는 사람들이 TV 토론에 나올 때 자신의 논리를 종이에 정리해서 준비하고, 상대방이 이야기할 때 지속적으로 메모하는 것도 같은 맥락이다. 머릿속으로만 모든 논리를 정리하고 결론을 낼 수 있었다면 글쓰기는 필요 없었을 것이다. 그래서 논리적인 결론을 내릴 때에는 항상 글쓰기를 이용해야만 한다.

글쓰기는 성공한 사람들이 단골로 이야기하는 성공하기 위해 해야 하는 가장 중요한 지침 중 하나다. 그들이 글쓰기를 강조하는 핵심적인 이유도 글쓰기를 하면 논리적으로 사고를 정리할 수 있기 때문이다.

유대인의 인구가 우리나라의 3분의 1 수준임에도 세계 10대 갑부 중 대다수가 유대인이라는 점에서 유대인들의 교육법이 이슈가 된 적이 있었다. 유대인들은 어렸을 때부터 자신의 사고를 정리하는 글쓰기에 매우 익숙하다. 유대인들이 다니는 학교의 시험은 객관식이 거의 없고 대부분 논술형과 서술형으로 진행한다. 그리고 대부분의 문제가 '자신의 생각을 글로 표현하시오', '이에 대한 의견을 쓰시오'와 같은 형태로 이뤄져 있다.

유대인들은 이런 문제를 풀기 위해 자료 조사를 다양하게 하고, 그 자료를 바탕으로 자신의 논리를 풀어내고, 결론을 내는 식의 글쓰기를 어렸을 때부터 해온 것이다. 그리고 글쓰기를 이용해 자신만의 충분한 논리와 결론을 만든 이후에는 그 주제에 대해서 다른 사람과 토론하며 자신이 정리한 논리를 고도화시킨다.

기존에 정리했던 논리를 상대에게 주장하면서 부족한 논리를 보완하거나, 자신의 논리가 상대에게 완벽하게 관철되는 것을 보면서 자신의 결론을 더 확신하는 데에 이용하기도 한다. 말로 타인에게 설명하는 과정 자체가 논리와 결론을 완벽하게 자신의 것으로 체화시키는 가장 확실한 방법이기 때문이다.

대다수의 유대인들은 어렸을 때부터 글쓰기와 토론을 통해 다양한 사회적 현상, 주제, 감정 상태 등 많은 고민에 대해 논리적으로 결론을 내리는 것을 일상화했고, 성인이 되기 전에 이미 자신의 정체성을 확립할 수 있었다. 그래서 성인이 된 이후에는 확립된 정체성을 기반으로 뚜렷한 목표를 세우고 이를 달성하기 위해 효율적으로 행동한다. 어렸을 때부터 글쓰기와 토론 습관이 밑바탕이 되었기 때문에 그들 대다수가 막대한 부를 이룰 수 있었던 것이다.

정체성을 확립하는 것은 창업형 인간이 되기 위해서 필수적이다. 그 이유에 대해 좀 더 구체적으로 알아보자.

1. 정체성을 찾는 것은 '자신의 존재 이유'를 찾는 것과 같아서 인생의 궁극적인 목표를 설정할 수 있도록 돕는다.

목표 지점이 명확하다는 것은 인생에 어떤 부분에 집중해서 노력해야 하는가에 대한 확실한 방향성을 제시할 뿐만 아니라 실행의 지속성을 만들어준다. 반대로 정체성이 확립되지 않은 상태로 순간의 오기와 열정만으로 하게 되는 실행은 지속성을 가지기 어렵다. 그 실행에 대한 확실한 근거와 논리가 부족해서 어떤 장벽이나 시련에 부딪쳤을 때 자기 합리화를 하고 포기하기 쉽기 때문이다.

2. 살면서 마주하게 될 다양한 선택의 순간에서 가장 확실한 기준과 선택의 근거가 될 수 있다.

쉽게 이야기해서 의사결정의 속도를 빠르게 만든다. 빠른 의사결정은 당연히 빠른 성장과 성과로 이어진다. 정체성 확립이 되지 않으면 선택의 순간에 고민만 하다가 결정하지 못해서 오히려 모든 선택지를 놓치는 일이 자주 생기게 된다.

3. 주변인들에게 주관이 뚜렷한 사람으로 보일 것이다.

사람들에게 똑똑하고 리더십이 있는 사람처럼 비치게 된다. 집단 대부분의 구성원들은 언제 어디서든 자신의 주장을 논리적이고 명확하게 펼칠 수 있는 사람을 따르는 경향이 있다. 반대로 아무런 주장도 펼치지 못하고 논리적으로 구성원을 설득하지도 못하는 사람을 따르는 경우는 거의 드물다. 이처럼 자기 정체성을 확실히 하는 것은 성공과 직결될 수밖에 없다.

정체성은 크게 내부 정체성과 외부 정체성으로 나눌 수 있다.

'내부 정체성'은 내가 어떤 입력값(자극)에 어떤 출력값(감정, 행동 등)을 내는 사람인가에 대해서 파악하고 결론을 내리는 것이다. '외부 정체성'은 페미니스트, 낙태법, 부동산 규제, 정치 등의 여러 가지 사회 이슈(입력값)들에 대해서 나만의 논리적인 결론(출력값)을 내리는 것을 의미한다.

'내부 정체성'을 확립하려면 앞서 언급했듯이 자신의 시스템에 대한 이해도를 높여야 한다. 내가 어떤 특정 상황에서 평소와 다른 감정(행복, 슬픔 등)을 느꼈다면, 왜 내가 그런 감정을 느끼게 되었는지 자기 자신의 감정 시스템 작동 방식에 대해 논리적으로 정리해야 하는 것이다.

예를 들어 오늘 내가 어떤 특정 상황에서 스트레스를 받는 일이 있었다면 잠을 자거나 게임을 하는 등의 행동으로 회피하지 말고, 내가 어떤 입력값 때문에 스트레스라는 출력값을 얻게 되었는지 정확히 이해하려고 노력해야 한다. 스트레스라는 출력값의 정확한 원인(입력값)을 논리적으로 분석한 이후에는 그 입력값을 받지 않기 위해 개선할 수 있고, 불가피하게 다시 동일한 입력값을 받아야만 하는 상황이라면 동일한 입력값이 들어왔을 때 어떤 식으로 대처할지 미리 계획하고 대비를 하면 하면 된다.

마찬가지로 내가 특정 상황에서 높은 수준의 행복의 감정(출력값)을 느꼈다면 어떤 입력값 때문에 그런 출력값을 얻게 된 것인지 명확히 분석하고 이해하고 있어야 한다. 그것에 논리적인 결론을 내린다면 이후에는 행복의 감정을 느끼기 위해서 의도적으로 해당 입력값을 얻기 위한 노력을 할 수도 있을 것이다.

'외부 정체성'을 확립하기 위해서는 사회적 현상과 사건 등의 외부적인 입력값에 자신만의 출력값 즉, 논리적인 결론 내기를 해야 한다. 예를 들어 누군가와 어떤 사회적 현상을 주제로 이야기했는데 자신의 논리와 결론이 부족하다고 느꼈다면, 집에 와서 그 주제에 대해 자료 조사를 하고 자신의 논리를 만들어서 결론을 내는 작업을 해야 한다.

이 책도 마찬가지다. 단순히 읽고 이해하는 것에 그치는 것이 아니라, 이 책의 내용을 자신만의 언어로 분석하고 학습해서 자신의 내부 정체성과 외부 정체성을 확립하는 데에 활용해야 한다. 아무 생각 없이 이 책에서 이야기하는 주장들을 맹신해서는 안 된다. 이 책의 내용에 대해 자신만의 논리를 만들고 결론을 내려라. 이런 과정을 통해서 정체성을 확립해가면 창업형 인간의 첫 단계에 진입한 것이다.

06 자원 활용 최적화, 세계관 이론

PART 1에서 이야기했던 것처럼 창업형 인간은 단기간 내에 빠른 성장을 하고 성과를 내야 한다. 젊음의 시간에 대한 가치를 알고 있기 때문이다. 단기간 내에 빠른 성장을 하기 위해서 가장 중요한 것은 바로 내가 가진 자원의 효율적 활용이다. 내가 가진 한정된 자원(시간, 돈, 에너지, 감정 등)을 큰 성과와 성장을 만들어 줄 수 있는 곳에만 100% 투입해야 빠르게 성장할 수 있다.

하지만 창업형 인간이 아닌 이들은 큰 아웃풋을 가져다줄 수 없는 쓸모없는 것에 대부분의 자원을 낭비한다. 우리가 자원 활용을 효율적으로 하지 못하고 쓸모없는 것에 낭비할 수밖에 없는 가장 큰 이유는 바로 '세계관'에 있다. 모든 사람들은 각자 다른 크기의 세계관을 지니고 있다. 세계관이 작으면 사소한 사건이나 이벤트도 큰 사건이라고 인지하게 되고 그 사소한 사건에 많은 자원을 한없이 낭비하게 된다.

우리는 살면서 발생하는 다양한 사건(이벤트)에 대해 무의식적으로 경중을 나눈다. 발생한 사건이 내 인생에 어느 정도의 중요도를 가졌는지 점수화하는 것이다. 그리고 그 점수에 따라서 자신의 자원 투입 정도를 결정한다. 만약 내 인생의 100%의 비중을 차지하는 사건이라고 판단하면 그 사건에 나의 자원을 100% 할애한다. 반대로 내 인생에 10% 비중을 차지하는 사건이라고 여기면 그 사건에 내 자원 중 10%만 투입하는 것이다.

예를 들어 전체 세상의 세계관 크기가 100이라고 가정하면 평균적인 대학생의 세계관 크기는 5 정도라고 볼 수 있다. 쉽게 이야기해서 대학생의 경우 나머지 95에 해당하는 세계가 있음을 알지 못하고, 5의 세계가 세상의 전부라고 생각하고 있는 것이다. 5의 세계관을 가지고 있는 사람에게 4의 크기에 해당하는 사건이 발생하면 본인의 세계관에 있어서 80%의 비중을 차지하는 큰 사건이라고 인지하게 된다. 80%의 중요도가 있기 때문에 내가 가진 자원(시간, 돈, 감정, 에너지)의 80%를 크기 4의 사건에 투입하는 것이다. 하지만 크기 4의 사건에 자원을 투자해서 얻을 수 있는 성과는 아쉽게도 4로 한정되어 있다. 4 정도의 작은 아웃풋을 위해서 본인의 자원 80%를 필요 이상으로 투입하는 것을 의미한다.

반대로 세계관의 크기가 더 크다면 이야기가 다르다. 세계관의 크기가 40이라면 4의 사건이 발생했을 때 10%의 비중밖에 안 된다는 것을 인지한다. 그래서 해당 사건에 크게 신경 쓰지 않고 자신이 가진 자원 중 10% 정도의 자원만 투입하게 된다. 이처럼 세계관의 크기가 확장되면 사건의 크기를 더 정확하게 파악할 수 있게 된다. 사소한 것에 많은 자원을 할애하지 않고 더 큰 아웃풋을 낼 수 있는 다른 사건에 자원을 활용할 수 있는 것이다.

사람들은 각자 세계관의 크기에 따라서 같은 사건이더라도 중요도를 다르게 인식한다. 그래서 누군가에게는 죽을 만큼 힘들 만한 사건이 다른 누군가에게는 일상과 같고 크게 중요하지 않은

사건으로 여겨지기도 한다. 누군가는 작은 크기의 사건에 자신의 모든 자원을 쏟아부어 몰입하는가 하면, 누군가는 작은 크기의 사건에 굳이 자원을 써봐야 얻을 게 없다는 것을 알고 아웃풋을 낼 수 있는 더 큰 사건에 자원을 투자한다. 사건에 어떻게 점수를 매기고 그에 따라 자원을 어디에 활용하는가에 대한 차이가 장기적으로 엄청나게 큰 차이를 만들어 낸다.

우리는 작은 세계관 때문에 생각보다 많은 부분에서 자원 낭비를 한다. 대학교 과제 발표자로 나서서 잠깐 말을 더듬으며 실수한 것 때문에 하루 종일 우울함에 빠져서 시간을 낭비하기도 하고, 직장에서 상사와의 사소한 갈등 때문에 퇴근 후 술을 진탕 먹으면서 시간을 낭비하기도 한다. 또는 연인 관계가 세상의 전부인 것처럼 연인과의 애정 전선에 따라 하루 종일 우울해 아무것도 하지 못하고 시간을 보내기도 한다. 그 당시에는 굉장히 큰 사건처럼 느껴지지만 나중에 보면 작은 문제 정도밖에 되지 않는 사건들에 자신의 시간과 돈, 감정, 에너지 등을 낭비하는 것이다.

지금 생각해보니 별것도 아닌 일인데 과거에는 굉장히 큰일이라고 여기고 많은 감정과 시간을 낭비하면서 유난을 떨었던 흑역사가 누구에게나 하나쯤은 있을 것이다. 과거에는 큰 사건이라고 생각했지만 지금은 사소한 일이었다는 것을 인지할 수 있는 이유는 시간이 지나면서 자연스럽게 세계관의 크기가 확장되었기 때문이다. 세계관의 크기가 커진 상태에서 과거로 돌아간다면 그런 사소한 사건에 많은 시간을 쏟지 않을 것이 분명하다.

어떤 집단에서는 의도적으로 사소한 사건을 큰 사건인 것처럼 위장하면서 누군가의 세계관 크기를 한없이 작게 만들기도 한다. 회사에서 직장 상사들이 사소한 실수들을 트집 잡으며 마치 엄청 큰 실수를 한 것처럼 괴롭히는 것도 후임들을 작은 세계관에 가두는 일이다. 이런 집단에 있게 되면 계속 사소한 것들을 큰 사건으로 인지하게 되기 때문에 세계관이 작아지고 자원을 지속적으로 의미 없는 곳에 낭비하게 되어 절대 성장할 수 없다.

군대에서 쓸데없는 규율과 전통을 중요시하고 철저하게 지키도록 감시하는 것도 의도적으로 군인들의 세계관의 크기를 작게 만드는 장치들이라고 볼 수 있다. 어쩌면 부모들이 자녀를 교육한다는 명분하에 사소한 것에 대해서 지속적으로 지적하고 큰 실수를 한 것처럼 여기도록 하는 것도 오히려 자녀의 세계관을 좁게 만들고 성장을 방해하는 결과를 낳기도 한다.

세계관의 크기가 넓은 사람들은 오히려 그런 비효율적인 집단에 속해 있을 때 외톨이가 되는 것을 자처한다. 군대나 직장에서도 큰 세계관을 가진 사람들은 굳이 쓸모없는 정치판에 끼어들어 자신의 자원을 낭비하기보다 남의 일인 것처럼 치부하고 개입하려 하지 않으며 아웃사이더로 남는 경우가 많다.

　결과적으로 세계관의 크기가 작으면 사소한 사건을 큰 사건이라고 인지하는 오류가 발생하여 많은 자원을 낭비하게 되고 빠르게 성장할 수 없다. 그래서 창업형 인간이 되기 위해서는 가장 먼저 세계관을 확장해야 한다. 세계관의 크기를 확장하면 자원 활용의 효율을 극대화하여 빠르게 성장할 수 있다.

　그렇다면 세계관을 확장하기 위해서는 어떻게 해야 할까? 그 방법은 크게 3단계로 나눌 수 있다.

　1단계, 먼저 나보다 성공한 사람들의 세계관을 지속적으로 머릿속에 주입하고 이해하는 것이다.

　나보다 성공한 사람들의 경우 나보다 더 큰 세계관을 가지고 있을 가능성이 높다. 그래서 그들의 성공 스토리나 의사 결정 방식, 가치관, 세상을 바라보는 관점들을 내 것으로 흡수해야 한다.

　책, 영상, 주변 사람 3가지 채널을 이용하자. 책을 통해서 성공한 사람의 이야기를 배우고, 유튜브나 TV 속 영상을 통해서 성공한 사람들의 스토리와 관점들을 습득할 수 있다. 만약 주변에 성공한 친구나 지인, 가족들이 있다면 그들의 스토리를 지속적인 대화를 통해 듣고 그들의 세계관을 이해하는 것이 가장 효과적일 것이다.

그들의 세계관을 더 확실하게 이해하기 위해서는 단순히 읽고 듣고 끝내는 것이 아니라 그들의 스토리를 글쓰기로 정리해야 한다. 일단 시작은 20개 정도의 성공한 사람들 스토리를 글쓰기로 정리해보자. 그들의 세계관을 논리적으로 정리하는 것만으로도 엄청난 효과를 얻을 수 있다. 현재 본인이 얼마나 쓸모없는 고민들을 하고 있고, 나의 성장에 전혀 기여되지 않는 것에 자원을 한없이 낭비하고 있는지 자각하게 될 수 있다.

예를 들어 나의 세계관의 크기는 5이고, 이때 1 정도의 사건이 발생했다고 가정해보자. 이 사건은 인생의 20% 비중을 차지할 것이다. 그런데 만약 크기가 50인 세계관을 빌려와서 볼 수 있다면, 사건을 보다 더 정확하게 파악할 수 있게 된다. 인생의 20% 비중을 차지하는 사건이 아니라 인생의 2%밖에 해당되지 않는 작은 사건이라고 자각할 수 있게 된다.

쉽게 생각해서 '그 성공한 사람이라면 어떤 선택을 했을까? 저 사건을 어떻게 바라보고 어느 정도의 자원을 투자해서 행동했을까?'라는 상상이 가능해진다. 그들의 세계관을 자주 빌려와서 활용하다 보면 장기적으로 나의 세계관의 크기 자체가 영구적으로 확장될 수 있다.

2단계, 현재의 환경(주변 사람)을 변화시키는 것이다.

지금 나의 세계관 크기는 나와 가장 가깝게 지내는 사람들의 세계관 크기와 거의 비슷하다. 그들의 세계관과 나의 세계관이 지속해서 서로 공유되고 동기화되기 때문이다. 심지어 함께 사는 부모님의 세계관 크기가 좁다면 그것이 나의 세계관이 성장하는 것을 제한하기도 한다.

1단계를 거치는 것만으로도 성공한 사람들의 세계관을 잠시 빌려 올 수 있지만, 결국 가장 자주 마주하는 자신의 주변 환경에 의해 다시 좁은 세계관으로 돌아올 가능성이 크다. 가끔 유튜브 속 성공 스토리를 보면 '나도 해볼 수 있지 않을까?'라고 생각이 들면서 순간 가슴이 벅차오르지만 그것도 잠시뿐이다. 크기가 비슷한 세계관을 가진 친구와 대화를 나누거나, 직장 상사와의 갈등이라든지 연봉 인상에 대한 이야기라든지 사소한 사건들에 대해 집중하다 보면, 어느새 다시 현실을 자각하면서 무기력함을 느끼게 되는 것도 같은 이유이다.

따라서 확실한 세계관 확장을 위해서는 현재 나를 작은 세계관에 가두던 환경으로부터 벗어나야만 한다. 나 또한 20대 초반에 창업을 진로로 정했을 때 환경에 의한 많은 제약을 받았다. 부모님을 포함해서 누구 하나 나의 창업 도전을 응원하는 사람이 없었고, 오히려 부정적인 시선들과 이야기들을 지속해서 접해야만 했다. 그것이 나의 세계관을 계속 좁게 만드는 것을 인지하고 나는 그 환경에서 벗어나 독립하는 것을 택했다. 기존에 좁은 세계관을 가진 친구들을 만나지도 않았고, 내 꿈과 목표에 부정적이던 부모님과도 물리적으로 떨어져 살기 시작하자 빠르게 세계관의 크기가 확장되기 시작했다.

내가 만약 기존의 환경에 머물러 있었다면 주변 사람의 부정적인 이야기를 듣고 '내가 너무 큰 꿈을 꾸고 있나? 내가 너무 허황된 목표를 가지고 있는 건가?'라고 생각하면서 결국 다시 작은 세계관으로 돌아왔을 것이다. 하지만 그 환경으로부터 의도적으로 벗어나자 내가 목표로 하는 이상적인 미래들에 대해 지속적으로 확신하게 되었다.

3단계, 상위 계층에 제안하여 더 넓은 세계관을 직접 체험하는 것이다.

2단계의 가장 중요한 목적이 나의 세계관 성장을 막는 환경 요소를 제거하는 것이었다면, 3단계는 더 좋은 환경을 만드는 과정이다. 나보다 훨씬 더 세계관의 크기가 넓은 사람들로 나의 환경을 채우면, 그들의 세계관과 내가 동기화되고 내 세계관의 크기를 급속도로 키울 수 있다. 그럼 어떻게 나보다 더 세계관이 넓은 사람들, 즉 나보다 성공한 사람들을 가까이에 많이 둘 수 있을까?

많은 방법이 있겠지만 가장 현실적인 방법은 다음 2가지다.

1. 무보수(열정페이)로 일하는 것이다.

나보다 성공한 사람들 또는 나보다 세계관이 넓은 사람들에게 무보수로라도 함께 일하고 싶다고 제안해라. 대부분의 사람들은 나보다 성공한 사람들에게 제안할 때 그들이 나보다 훨씬 많은 것들을 가졌기 때문에 내가 그들에게 줄 수 있는 게 크게 없다는 착각을 한다. 그래서 내가 얻고 싶은 것만 이야기하면서 감정에 호소하고 구걸하듯이 제안하는 경우가 많다. 지금도 내 메일함에는 이런 감정만 호소하는 메일들이 쌓여가고 있다.

내가 얻고 싶은 것을 이야기할 것이 아니라 상대에게 줄 수 있는 것이 무엇이 있는지를 먼저 이야기하는 것이 중요하다. 당연하게도 내가 가진 것들을 그들이 이미 다 가졌을 가능성이 높다. 그나마 그들에게 제안할 수 있는 유일한 것은 바로 '나'라는 시간과 노력을 투입할 수 있는 인력 자원이다. 나의 인력 자원을 무상으로 이용할 수 있도록 제안하여 그들과 함께 일할 수 있는 기회를 얻게 된다면 그들의 세계관을 직접 옆에서 체험할 수 있고 내 세계관 또한 빠르게 확장시킬 수 있다. 지금 당장에 몇 백만 원의 금전적인 이득은 나의 세계관 확장에 그 어떤 영향도 주지 못한다. 당장의 돈이 아니라 나보다 성공한 사람과 함께 일해 보는 기회가 훨씬 더 큰 가치라는 것을 알아야 한다. 한 푼이라도 돈을 벌 겠다는 욕심을 내려놓기만 해도 많은 기회가 만들어진다.

무보수로 일한다고 제안하는 것과 비슷한 방법으로 '무보수로 모임장을 하면서 허드렛일을 하는 것'도 하나의 방법이 될 수 있다. 스터디나 모임을 만들고 나보다 더 뛰어난 사람들을 직접 모집한다. 그리고 그 모임의 장이 되어 장소 섭외, 일정 조율과 같은 허드렛일을 솔선수범해서 해서 그들의 수고를 덜어주는 것이다.

나보다 뛰어난 사람들이 내가 만든 모임에 올 가능성이 없다고 생각할 수 있지만, 생각보다 많은 사람들은 수동적이다. 그런 모임이나 스터디를 참여하고 싶은 마음은 많지만 직접 능동적으로 리드해서 모임장이 되는 것에는 많은 부담감을 느낀다. 그래서 내가 모임장이 되어 조금만 적극적으로 모집하기만 해도 나보다 뛰어난 많은 사람들의 참여 지원을 받을 수 있다.

나 또한 어렸을 때 이 모임장이 되는 방법을 끊임없이 활용했다. 내가 역량을 만들어야겠다고 생각되는 분야가 있으면 항상 그 역량을 주제로 모임장이 되어 모임을 만들었고, 모든 구성원들은 나보다 더 뛰어난 역량을 가진 사람들로 선별했다. 물론 많은 허드렛일을 도맡아 했지만 그 과정에서 빠르게 세계관을 확장해 나갈 수 있었다.

2. 기버(giver) 성향의 멘토를 찾는 것이다.

세상에는 많은 사람들이 존재하지만 그들 중에 자신이 무언가를 받는 것보다 다른 사람들에게 주는 것이 익숙하고 그것 자체에서 행복을 느끼는 기버 성향의 인간들이 있다. 앞서 이야기했듯이 내가 그들에게 줄 수 있는 유일한 것은 나의 인력 자원 하나지만, 사실 그들이 봤을 때 나라는 인력 자원도 크게 매력적인 제안이 아닐 가능성이 높다. 내 전문성이나 능력에 대해서 잘 알지 못하기 때문이다. 그리고 무보수로 일하겠다는 제안이 오히려 다른 의도가 있는 것 같다는 의심하게 만들기도 한다.

결과적으로 나의 제안을 받아들이는 사람들은 나의 열정과 패기를 보고 나를 돕고 싶다고 느낄 만한 기버 성향일 가능성이 높다. 단지 표면적인 성공 스토리만으로 누가 기버 성향의 사람인지 찾기는 어렵다. 그래서 결국 많은 사람들에게 제안하는 것이 필요하다.

최소 20명 많게는 100명에게 제안 메일, DM 등을 보내라. 통계적으로 그들 중에 분명 기버 성향을 가진 이들이 존재할 수밖에 없다. 그리고 내 제안을 받아들일 사람들이 분명 존재할 것이다. 그렇다고 그들에게 모든 것을 받기만 하라는 것이 아니다. 아무리 기버 성향의 사람일지라도 관계가 장기적으로 이어지기 위해서는 기브 앤 테이크(give and take)가 무조건 필요하다. 지속해서 받기만을 바란다면 기버 성향의 사람들도 어느 날부터 결국 연락이 잘 되지 않을 것이다. 내가 할 수 있는 최대한의 사례를 하면 기버 성향의 사람들은 더 적극적으로 많은 것들을 나에게 줄 가능성이 높다.

이렇게 세계관 확장을 위한 3단계 전략을 이용해서 빠르게 자신의 세계관을 확장해 나가라. 세계관은 나 자신을 객관화해서 보는 능력인 메타인지보다도 한 단계 높은 개념이다. 나 자신을 넘어서 내가 살아가는 세상을 객관적으로 바라보고, 그 세상 속에서 발생하는 다양한 사건의 크기를 정확하게 판단하는 개념이기 때문이다.

세계관 이론은 자기계발서에 흔하게 나오는 '그릇을 키워야 한다', '식견을 넓혀야 한다' 등의 주장들과 유사하다고 볼 수 있다. 하지만 그런 추상적인 형태의 주장이 아니다. 왜 우리가 그릇을 키우고 식견을 넓히면 성공할 수 있는지 구체적인 근거를 제시하는 이론이라고 볼 수 있다. 세계관의 크기에 따라 사건을 바라보는 인식 자체가 변화하는 것이고, 더 중요한 사건에 시간을 쏟을 수 있는 기회를 만들어 낼 수 있다. 이처럼 한정된 자원을 효율적으로 활용하기 위해서는 세계관을 넓히는 것이 중요하다.

07 인생에 몰입하는 법, 게임 이론

창업형 인간으로 빠르게 성장하기 위해서는 인생에 게임의 시스템을 적용해야 한다. 게임은 유저가 지속적으로 몰입할 수 있도록 기획자와 개발자의 치밀한 설계로 제작된다. 그래서 지칠 만한 시점이 되면 적절한 타이밍에 보상을 제공해서 몰입하도록 만들기도 하고, 지루해질 만하면 유저가 수행해야 하는 임무인 퀘스트를 제공해서 새로운 동기 부여를 하기도 한다. 또한 랭킹 시스템을 통해서 다른 유저들과의 경쟁 심리를 부추기고, 경쟁자보다 더 앞서 나가고 싶은 심리를 이용하여 아이템 구매 등으로 현금 결제를 유도하기도 한다.

게임 설계자들은 어떻게 하면 모든 플레이어들을 절대 게임에서 이탈할 수 없게 만들고 심지어는 중독되게 할까에 대해서 끊임없이 연구해왔다. 게임의 모든 시스템은 몇 세대를 거쳐 이 과정을 거친 것이기에 우리는 게임에 몰입하게 된다.

반대로 인생은 어떨까? 인생은 게임처럼 정교하게 시스템화되어 있지 않다. 내가 지친 것 같다고 누가 적재적소에 보상을 해주지도 않고, 지루하다고 느껴도 적절한 시점에 퀘스트를 부여해주지도 않는다. 수능과 같은 시험을 볼 때를 제외하고는 주변 사람들과 겨루어 경험치나 실력을 구체적인 랭킹으로 확인해볼 수 있는 시스템도 없다. 내가 인생에 몰입하지 못하거나 이탈할까봐 고민하고 걱정하면서 적절한 시스템을 설계해주는 사람이 없기 때문이다.

그래서 우리는 인생에 보다 더 몰입하고 재미를 느낄 수 있도록 게임 개발자가 게임을 설계하듯이 자신이 인생 게임의 설계자가 되어 시스템을 만들어야 한다. 게임 이론에 따라 자신의 인생을 게임처럼 변화시키고 나면 삶에 엄청난 변화가 찾아온다. 나를 포함해서 과거에 게임 중독자였던 이들이 인생이라는 게임에 몰입하기 시작하면서 매우 큰 성과를 만들어 내는 케이스들은 비일비재하다. 그리고 그들의 공통적인 의견은 "게임 중에서 가장 재미있는 게임은 알고 보니 '인생 게임'이었다"라는 것이다.

인생은 총 3단계로 게임처럼 시스템화할 수 있다.

1단계. 스킬 트리를 만든다.

스킬 트리

　게임에서는 그림에서와 같은 스킬 트리를 제공한다. 이 스킬 트리만 봐도 내 캐릭터가 어떤 기술들을 어느 정도의 숙련도로 보유하고 있는지 한눈에 볼 수 있다. 이러한 가시성 때문에 우리는 게임에서 더 많은 스킬들을 습득해야겠다는 욕구를 느낀다. 스킬 트리에 더 많은 스킬들이 채워지면 성취감을 느끼고, 남들은 쓸 수 없는 높은 레벨의 스킬을 습득하면 상대적으로 우월감을 느끼기도 한다.

　사냥터에 나가서 더 난이도 높은 스킬을 뽐낼 때면 다른 플레이어들에 비해 상대적으로 높은 권위를 가진 것처럼 착각하게 되기도 한다. 이런 스킬 트리 시스템은 게임 설계자가 플레이어들이 더 많은 스킬을 얻으려는 욕구를 갖게 하고 게임에 몰입할 수밖에 없도록 치밀하게 설계한 장치들인 것이다. 그래서 플레이어들은 매일같이 자신의 캐릭터 경험치를 쌓아 레벨을 올리고 더 난이도 높은 스킬들을 학습하기 위해 자연스럽게 몰입하고 노력하게 된다.

이제는 스스로가 게임 설계자가 되어 스킬 트리를 인생에 그대로 적용해보자. 자신이 가진 역량(기술, 재능 등)들을 가시성 있게 정리하고, 그 역량별 숙련도에 대해서도 명시한다. 그리고 그 역량별 숙련도를 점수화할 규칙도 직접 설계해야 한다. 예를 들면 나는 역량별 숙련도를 다음과 같은 기준으로 판단한다.

레벨0 학습 중

레벨1 단순히 이해한 수준

레벨2 내가 직접 활용 가능한 수준

레벨3 직접 활용해본 경험치를 가진 수준

레벨4 직접 활용해서 좋은 성과까지 낸 수준

레벨5 타인에게 교육을 해서 그들의 성과를 만들어 줄 수 있는 수준

온라인 매장 구축 …

Aa 스킬	⊙ 레벨
ImWeb, Wix로 랜딩페이지 구축하기	레벨0 [학습중]
워드프레스로 사이트 구축하기	레벨0 [학습중]
네이버 블로그, 카페 구축하기	레벨0 [학습중]
유튜브 구축하기	레벨0 [학습중]
인스타그램 구축하기	레벨0 [학습중]

마케팅 전략 …

Aa 스킬	⊙ 레벨
돌다리 이론	레벨0 [학습중]
12블록 테크닉(상세페이지)	레벨3 [직접 활용 해봤다]
페르소나를 기반으로한 카피 구현하기	레벨5 [교육해서 성과를 만들어줄 수준]
미끼 상품을 이용한 고객 확보 전략	레벨5 [교육해서 성과를 만들어줄 수준]
8단계 지식 창업 필승 공식	레벨3 [직접 활용 해봤다]
3가지 플랫폼 빌드업 공식	레벨4 [활용해서 좋은 성과를 냈다]
페르소나 기반 고객구매여정 그리기	레벨3 [직접 활용 해봤다]
인플루언서 영입을 이용한 바이럴 전략	레벨2 [나도 직접 활용가능하다고 생각한다]
마이크로 니치마켓 공략을 통한 확장 전략	레벨4 [활용해서 좋은 성과를 냈다]
페이스북/인스타 광고 전략	레벨2 [나도 직접 활용가능하다고 생각한다]
네이버 파워링크 소형 키워드 / 대형 키워드	레벨2 [나도 직접 활용가능하다고 생각한다]
네이버 블로그 상위노출 광고 전략	레벨2 [나도 직접 활용가능하다고 생각한다]

이런 역량 숙련도에 대한 기준들을 세우고 자신이 가진 역량들을 점수화하면 된다. 이렇게 역량을 가시성 있게 정리하는 것만으로도 더 많은 역량을 학습하고자 하는 욕구가 생길 뿐만 아니

라, 학습을 통해 역량의 숙련도를 향상시키면서 훨씬 더 큰 성취감을 느끼게 될 수 있다. 말 그대로 나라는 캐릭터를 성장시키고 싶다는 욕구가 자연스럽게 생기고, 나라는 사람을 성장시키는 것에 몰입할 수 있다는 것을 의미한다.

스킬 퀵슬롯 영역 —

스킬 퀵슬롯

스킬 트리뿐만 아니라 스킬 퀵슬롯도 만들어야 한다. 그림에서처럼 모든 게임에는 자신이 가진 모든 스킬을 골고루 쓰기보다 가장 빈도 높게 사용하는 스킬들을 더 빠르게 사용할 수 있도록 퀵슬롯을 제공한다. 이 퀵슬롯에 있는 스킬들은 언제든 단축키 한 번만 누르면 빠르게 사용할 수 있다. 이 퀵슬롯이 없었다면 매번 스킬창을 열어서 수십 개의 스킬 중에 어떤 스킬을 사용할지 고민했을 것이다. 그리고 그 고민하는 시간 동안 이미 사냥터에 있는 적에게 내 캐릭터는 살해되었을 가능성이 높다.

마찬가지로 인생에도 스킬 퀵슬롯을 적용할 필요가 있다. 자신의 역량을 가시성 있게 정리하는 것 못지않게, 내 역량 중에 핵심적인 것을 선별하고 그 핵심 역량들은 언제든 사용할 준비를 해놓는 것이 중요하다.

이렇게 퀵슬롯에 자신의 핵심 역량들을 적어두고 자신의 핵심 역량들을 항상 인지하고 있는 상태가 되면 예상치 못한 위기나 문제의 순간에 보다 더 빠르게 대처가 가능해진다. 퀵슬롯에 들어가 있는 핵심 역량 중에 어떤 역량을 사용해 문제 해결을 할 수 있을까에 대해 빠르게 사고하고 역량을 꺼내 와서 사용할 수 있게 된다. 결과적으로 문제 해결 능력이 급격하게 향상되는 것이다. 게임 설계자들이 치밀하게 만들어 놓은 스킬 트리 시스템만 인생에 적용하더라도 자신의 역량 성장과 역량 활용에 효율을 급격하게 높일 수 있다.

2단계, 퀘스트와 보상 체계를 만든다.

게임에서는 레벨에 따른 퀘스트를 부여한다. 그리고 퀘스트 달성 시 경험치, 재화, 아이템 등의 보상을 제공한다. 이런 퀘스트와 보상 체계는 플레이어가 게임을 지루해하거나 지치지 않도록 적절한 도전 의식과 목표를 반복적으로 제공하는 역할을 한다. 마찬가지로 인생에도 퀘스트와 보상 체계를 더 정확하게 하면 할수록 스스로 목적성과 적절한 도전 의식을 부여할 수 있게 된다.

그래서 나는 항상 연초마다 '올해의 퀘스트, 분기별 퀘스트, 월별 퀘스트'를 작성한다. 그리고 매일같이 해당 퀘스트들을 보면서 지속적인 동력을 얻는다. 장기적 관점에서의 퀘스트뿐만 아니라, 하루 단위로 다음 날 퀘스트를 매일 저녁마다 부여하는 것도 중요하다. 하루 단위의 퀘스트는 매번 보상을 제공하긴 어려울 수 있으나, 오늘 부여되었던 퀘스트 중에 얼마나 달성했는가를 그날 저녁에 복기해보고 달성한 퀘스트들을 보며 성취감을 느끼는 것만으로도 충분한 보상이 되기도 한다.

또한 게임에서는 시작부터 너무 어려운 퀘스트를 부여하기보다 쉬운 퀘스트로 시작해서 점차 퀘스트의 난이도를 높이는 방식으로 '나도 할 수 있을 것 같다'라는 자신감을 만들어줘서 지속적인 성취감을 느낄 수 있도록 설계되어 있다. 인생에도 퀘스트를 수준에 맞게 부여하는 것은 매우 중요하다.

이제 막 헬스를 시작한 사람에게 100kg의 벤치 프레스 들기를 퀘스트로 제공하면 머지않아 헬스에 흥미를 잃게 될 수밖에 없다. 100kg에 도달하기까지 최소 1년 이상의 시간이 소요될 것이고 1년이라는 긴 시간 동안 성취감이나 보상을 얻기 어렵기 때문이다. 그래서 단계별로 '1개월 안에 30kg 달성 시 보상 제공', '3개월 안에 40kg 달성 시 보상 제공' 등 수준에 맞는 퀘스트를 부여하고 그 퀘스트에 달성했을 때 보상도 조금씩 늘려간다면 훨씬 더 몰입하고 지속성 있게 참여해서 결국은 100kg 들기라는 퀘스트를 완수할 수 있게 되는 것이다.

퀘스트를 달성했을 때 적절한 보상 체계를 만드는 것도 매우 중요하다. 인생에서 보상 체계를 만들고자 한다면 자신에게 보상이 될 만한 것이 무엇인가를 정확히 이해하고 있어야만 한다. PART 1에서 만들라고 했던 행복 리스트를 이 보상 체계를 설계하는 데에 활용할 수 있다. 퀘스트를 달성했을 때 행복 리스트에 있는 특정 순간을 나 스스로에게 보상으로 제공하는 것이다. 퀘스트를 작성할 땐 퀘스트의 난이도나 노력의 정도에 따라서 그에 적절한 보상을 같이 명시하고 작성할 필요가 있다. 이처럼 수준에 맞는 단계별 퀘스트와 행복 리스트를 기반으로 한 보상 체계만 잘 구성하더라도 지속적인 성취감을 만들면서 나라는 캐릭터를 성장시켜 나갈 수 있다.

3단계, 랭킹 시스템을 만든다.

스마트폰이 도입된 지 얼마 되지 않은 시기에 가장 핫했던 게임을 꼽자면 애니팡이라는 게임일 것이다. 그때 당시 애니팡 열

풍이 불 정도로 많은 사람들이 게임에 몰입했다. 매우 단순한 방식의 게임임에도 사람들이 열광하고 몰입할 수 있었던 것은 모두 애니팡이 만들어 놓은 랭킹 시스템 때문이었다. 카카오톡에 추가되어 있는 친구들과의 랭킹을 가시적으로 보여줌으로써 자연스럽게 경쟁의식을 만들어 내고, 그 경쟁의식이 하나의 동력이 되어 사람들이 애니팡에 열광할 수 있었던 것이다.

게임뿐만 아니라 인생에서도 경쟁자를 만드는 것은 스스로의 성장을 가속화하는 데에 매우 긍정적인 효과가 있다. 경쟁 우위에 서고자 하는 인간의 심리는 앞서 PART 1에서 다뤘던 행복의 상대성에 빗대어 봤을 때 매우 당연한 일이다. 그래서 더 빠르게 성장하고 몰입하여 경쟁 우위에 서고자 하는 것은 하나의 확실한 동력이 될 수 있다.

본인과 비슷한 목표를 가지고 있는 주변인들을 찾아 엑셀에 리스트업하고 비교할 수 있는 지표는 컬럼들로 추가해서 그들의 수치와 나의 수치를 모두 채워 넣어라. 예를 들어 나의 경우에는 경쟁자라고 생각되는 다른 회사의 대표들을 리스트에 적고 '매출, 영업이익, 나이, 설립일' 등을 컬럼에 놓았다. 그리고 적절한 주기에 따라 그들의 수치와 나의 수치를 변경된 데이터로 갱신하면서 누가 더 빠르게 성장하고 있는지를 가시적으로 볼 수 있는 랭킹 시스템을 만들었다.

엑셀에는 각 컬럼별로 재배열할 수 있는 필터 기능이 있기 때문에 더 정확하게 경쟁자들과의 순위를 확인할 수 있다. 이렇게 게임처럼 랭킹 시스템을 만들고 주기적으로 업데이트하는 것만으로도 열심히 성장해야겠다는 의지를 만들어주는 추가적인 동기와 동력이 된다.

게임 이론에 따라 총 3단계만 잘 수행하더라도 인생을 게임처럼 즐기면서 몰입할 수 있게 된다. 이 3단계 외에도 게임에 적용되어 있는 다른 시스템들도 인생에 적용할 수 있다면 더 좋다. 공략집을 만들어 보거나, 게임에서 클랜 개념처럼 함께 성장할 수 있는 모임을 만들어 보는 등 게임의 시스템을 인생에 적용할 수 있는 것들은 무궁무진하다.

인생에 게임 이론을 적용하면 창업이 인생에서 가장 재미있는 게임이라는 것을 깨닫는 순간이 올 것이다. 그 시점이 되면 창업을 일로 여기는 것이 아니라 게임처럼 몰입해서 중독될 수도 있다.

내 주변에는 이미 경제적 자유를 달성했지만 워커홀릭이라는 이야기를 듣는 수많은 성공한 창업가들이 있다. 그들이 만약 창업 과정을 단순히 노동이라고 여겼다면 경제적 자유를 이룬 후 굳이 지속해서 창업을 할 이유는 없었을 것이다. 회사를 매각한 경험이 많은 창업가들도 처음에는 '이제 다시 창업을 하지 않을 것이다'라면서 호언장담하지만 얼마 지나지 않아 다시 회사를 창업하는 경우가 허다하다. 결국 쉬다 보면 창업만큼 재미있는 게임이 없다는 것을 스스로 깨달았기 때문일 것이다.

08 티끌 모으는 습관부터 버려라

'티끌 모아 태산이다'라는 속담은 달리 말해 절약하라는 의미를 담고 있다. 아쉽지만 이런 습관들은 창업형 인간에게는 적절하지 않다. 현실적으로 절약을 하고 티끌을 모아서 장기적인 성공을 만들어 낼 수는 있겠지만 빠른 시간 내에 성과를 내기는 어렵기 때문이다.

만약 현재 내가 300만 원의 월 소득을 얻고 있다고 가정해보자. 그리고 이제는 월 소득을 1000만 원까지 높이고 싶다면 어떻게 해야 할까? 절약을 하면 될까? 300만 원의 월 소득을 아무리 아끼고 아껴봐야 1000만 원의 월 소득을 만들어 낼 수 없다. 300만 원의 월 소득으로 만들 수 있는 최대치 소득은 300만 원인 것이다. 그럼 어떻게 월 소득을 1000만 원으로 높일 수 있을까?

예를 들면, 세탁기라는 상품이 있다. 물세탁 기능만 되는 이 세탁기는 현재 시장에서 300만 원에 팔리고 있다. 이때 세탁기 하나를 팔아서 1000만 원의 수익을 내고자 한다면 어떻게 해야 할까? 크게 2가지 방법이 있다.

1. 세탁기의 '기능'을 개선하는 것이다.

기본 세탁 기능의 성능을 높여서 세탁의 퀄리티를 높이는 것이다. 세탁 속도를 빠르게 하거나, 건조 기능을 추가하거나, 세탁물이 어느 정도 차면 자동으로 세탁이 시작되는 기능을 추가해서 세탁기의 기능 자체를 좋게 만드는 것이다. 세탁기의 기능이 좋아지면 시장에서 판매되는 가격은 높아질 수밖에 없다.

2. 세탁기에 '브랜드'를 입히는 것이다.

사람들은 어디서 들어보지도 못한 회사에서 만드는 세탁기보다 많이 알려지고 브랜드 이미지가 고급스러운 세탁기에 더 높은 가격을 지불한다. 품질에 대한 리스크가 적고, 이미 많은 사람들로부터 검증된 상품이라고 생각하기 때문이다.

이런 기능 개선과 브랜딩을 위해서는 당연히 투자라는 것이 필요하다. 돈을 투자하여 다양한 부품들을 구매하고 그 부품들로 새로운 기능을 만들기 위해 연구에 시간을 소모해야 한다. 브랜딩에도 마찬가지로 돈과 시간이라는 자원이 필요하다. 이렇게 기능 개선과 브랜딩을 하게 되면 시장에서 매기는 세탁기의 가격은 높아지고, 세탁기 가격을 1000만 원까지도 높일 수 있다. 제품의 시장 가격을 높이기 위해 '기능 개선과 브랜딩' 한다는 것이 어쩌면 아주 당연한 이야기처럼 들릴 것이다.

이번에는 '나'라는 상품에 대해서 이야기해보자. 내가 받고 있는 월 소득의 정체는 시장에서 매겨진 나라는 상품의 가격이다. '나'라는 것도 시장에서 하나의 상품일 뿐이고 현재 내 소득은 내 능력에 대해 시장에서 매긴 가격인 것이다. 만약 내가 월 1000만 원의 소득을 얻고 싶다면 시장에서 매기는 나라는 상품의 가격을 높여야만 한다.

그럼 '나'라는 상품의 가격을 어떻게 높일 수 있을 것인가? 세탁기의 가격을 높이는 원리와 동일하다. 첫 번째는 나의 기능을 개선하는 것이다. 내가 기존에 가지고 있던 스킬들을 고도화하거나 기존에 가지고 있지 않던 새로운 스킬들을 학습해서 탑재하면 나라는 상품의 가격을 높일 수 있다.

두 번째는 나를 브랜딩하는 것이다. 사람들은 어디서 보지도 못했던 사람의 능력보다 유명하다고 알려진 사람의 능력에 더 높은 가격을 지불하게 되어 있다. 그 사람의 능력에 하자가 있을 가능성이 적고 이미 다른 사람들로부터 그 능력이 검증되었다고 믿기 때문이다. 제품처럼 나 역시 기능 개선과 브랜딩을 하기 위해서는 현재 가지고 있는 돈과 시간이라는 자원을 투자해야 한다.

하지만 대부분의 사람들은 돈과 시간이라는 자원을 나 자신의 기능 개선과 브랜딩을 위해 투자하지 않는다. 연 3%도 안 되는 이자를 위해서 대부분의 돈을 저축하기 바쁘고, 돈을 조금 더 아끼려고 시간이라는 자원을 대신 지불하기도 한다. 또한 새로운 지식과 기술을 배우는데 많은 돈을 쓰는 것이 아까워서 학습을 시작조차 못하기도 한다. 이처럼 티끌을 모으고 절약하는 것이 습관으로 자리 잡혀 있을 가능성이 높다.

현재 자신이 지닌 자원(시간과 돈)을 '기능 개선'과 '브랜딩'을 위해서 사용하지 않고 한정된 소득의 마진율을 높이는 데에만 집중을 하는 것이다. 이건 마치 300만 원짜리 세탁기로 1000만 원 수익을 만들고 싶다고 이야기하면서 세탁기의 원가 비용을 줄이기 위해 고민하는 것과 같다. 원가를 아무리 낮춰도 시장에서의 세탁기 가격이 300만 원이라면 절대 300만 원 이상의 수익을 넘길 수 없다.

마찬가지로 자신의 역량 향상과 브랜딩을 위해 자원을 투자하지 않고, 그 자원들을 아끼면서까지 티끌을 모으고 절약하는 것만으로는 절대로 월 소득 1000만 원을 달성할 수 없다. 세탁기의 기능 개선을 위해 다양한 부품들을 구매하고 연구하는데 과감히 투자해야 하듯이, 자신의 기능 개선을 위해서 여러 지식과 기술을 습득하는 것에 과감히 투자해야 한다. 세탁기의 브랜딩을 위해서 자원을 투자하듯이, 자신의 브랜딩을 위해서 자원을 과감히 투자해야 한다. 그렇게 해야 나라는 상품의 가격을 1000만 원 이상으로 높일 수 있을 것이다.

창업형 인간이 되어 빠르게 성장하고 싶다면 적어도 자신의 성장을 위한 투자에는 자원을 아끼지 마라. 과하다 싶을 정도로 끊임없이 투자해야만 빠르게 성장하고 성과를 얻을 수 있다.

09 신뢰 스노볼의 법칙

창업형 인간으로 단기간 내에 빠른 성장을 하기 위해서는 절대적으로 많은 기회가 필요하다. 단언컨대 신뢰 스노볼 법칙은 인생에서 가장 많은 기회를 만들 수 있는 방법론 중 하나다.

난 과거에 대학생 시절 팀 프로젝트를 하는 팀원에게나 현재 회사에 새로 입사한 직원에게나 함께 일을 시작하는 사람들에게 항상 공통적으로 하는 이야기가 있다. '서로가 신뢰를 잃지 않기 위해서 노력하자'는 것이다.

여기서 이야기하는 신뢰는 '실력적인 신뢰'와 '인간적인 신뢰'를 모두 포함한다. 함께 일하는 동안 서로에게 신뢰를 잃지 않기 위해 노력해야 하는 이유는 많다. 서로 실력적인 신뢰가 있어야만 자신의 영역을 제외한 부분은 완벽하게 팀원에게 위임하고 자신의 영역에만 완벽히 몰입하고 집중해 성과를 낼 수 있다. 반대로 서로 실력적인 신뢰가 형성되지 않은 동료 관계는 서로의 결과물에 대한 우려와 걱정을 끊임없이 하고 지속적으로 관여하게 되기 때문에 업무의 효율이 현저히 떨어지게 된다.

실력적인 신뢰뿐만 아니라 인간적인 신뢰가 함께 갖춰져 있어야 오래 지속 가능한 동료 관계가 될 수 있다. 도덕적으로 해이하거나 감정 컨트롤을 하지 못하는 등의 인간적인 신뢰가 깨지면 지속적으로 협업하기 어렵다.

서로 간의 신뢰를 지키자는 이야기의 가장 중요한 본질은 단순히 현재 업무의 성과를 내고 지속 가능한 팀을 만들자는 것에 그치지 않는다. '기회'라는 것은 주로 사람으로부터 온다. 나와 함께 일했던 모두에게 신뢰를 지켜내고, 나를 신뢰하는 사람의 모수를 많이 늘리면 늘릴수록 장담컨대 가만히 방구석에 앉아만 있어도 좋은 기회들이 지속해서 찾아오게 되어 있다.

사람들은 기회의 순간이 왔을 때 그 기회를 가장 잘 잡을 수 있는 방법을 궁리한다. 그리고 고민하면서 혼자보다 협업을 통해 기회를 노리는 것이 더 확률 높은 게임이라는 것을 직감적으로 안다. 그들이 '와, 이거 진짜 좋은 기회네. 이거 '그 사람'과 같이 하면 진짜 잘할 수 있겠는데?'라는 생각을 할 때 '그 사람'이 당신이 되는 것이 중요하다. 많은 사람에게 기회의 순간에 떠오르는 '그 사람'이 된다면 굳이 스스로 나서서 기회를 발굴하려고 노력하지 않아도 알아서 기회를 가져다주는 사람이 끊임없이 생기게 된다.

또한 '신뢰'는 쌓일수록 덧셈이 아닌 곱셈의 형태로 불어난다. 기하급수적으로 불어나 곡선 그래프를 그리면서 상상할 수 없을 만큼 많은 기회를 만들어 낸다. 신뢰는 사람 간의 보증을 통해 확산되기 때문이다. 단순히 내가 신뢰를 지킨 이들에 국한되는 것이 아니라 그들의 주변 사람에게도 나에 대한 신뢰가 확산될 가능성이 높다.

예를 들어 사업을 하다 보면 한 다리를 거쳐 소개를 요청할 수 많은 일들이 발생한다. 지인에게 누군가의 소개를 요청할 때 신뢰 스노볼 법칙은 철저하게 작동한다. 내가 지인에게 충분한 신뢰를 만들었다면 나를 소개할 때 충분히 신뢰할 만한 사람이라는 것을 보증할 것이고, 그로 인해 신뢰의 확산이 일어나는 것이다. 이것이 바로 '신뢰 스노볼 법칙'이다. 많은 신뢰가 스노볼이 굴러가 눈덩이 불어나듯이 쌓이면 쌓일수록 생각지도 못했던 많은 기회를 마주하게 된다.

나는 철저히 신뢰 스노볼 법칙을 지킴으로써 많은 기회들을 얻을 수 있었다. 내가 지금 사업을 하면서 크게 조력을 받았거나 큰

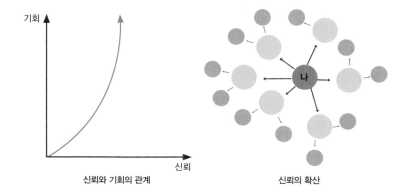

기회

신뢰

신뢰와 기회의 관계

신뢰의 확산

기회를 얻게 되었던 대다수의 경우들이 과거 함께 프로젝트를 하거나 회사에서 동료였던 사람들로부터 받은 제안에서 시작됐다. 과거에 쌓아뒀던 신뢰 스노볼이 없었다면 분명 외로운 싸움을 해야 했을 것이다.

설령 함께한 프로젝트의 결과가 실패였더라도 그 결과는 크게 상관없다. 실패의 과정 속에서 함께한 동료들에게 충분한 신뢰를 주었다면 각자의 길을 가다가도 이후에 새로운 기회를 마주했을 때 나를 떠올리고 흥미로운 제안을 할 가능성이 높기 때문이다.

간혹 '실패는 실패일 뿐이지 성공을 위한 밑거름이 전혀 되지 못한다'고 하는 이들이 있다. 이들의 대부분은 실패의 과정에서 신뢰 스노볼 법칙을 지키지 못했을 가능성이 높다. 함께하는 팀원들에게 실력적인 신뢰나 인간적인 신뢰를 주지 못했기 때문에 스노볼이 굴러가지 않은 것이고, 그런 이들에게 실패는 단지 쓰

디쓴 기억 정도로만 인식될 수도 있다. 이후 그 실패가 어떤 새로운 기회를 만들어주지 못했을 테니 말이다.

하지만 실패의 과정에서 신뢰 스노볼의 법칙을 지킨 이들이라면 그 과정이 향후 큰 기회를 가져다준다는 것을 체감할 수밖에 없다. 결과가 실패였더라도 그 과정 중에서 최선을 다하고 서로 신뢰 관계를 형성한 인간관계는 향후 좋은 기회를 공유하는 하나의 씨앗이 될 수밖에 없다.

PART 3

치트키 2단계
만들기 전에 실험하라

01 무조건 구매하게 하는 제안의 기술

20대 초반 가장 친한 친구와 둘이서 감성주점을 놀러 갔을 때의 일화다. 일부 테이블이 2층에 있었는데 그곳에 앉으면 난간옆으로 1층 전체 테이블이 다 보이는 구조였다. 나와 친구는 늦은 시간 도착했기 때문에 1층에 자리가 없어서 2층에 자리를 잡았다.

여느 감성주점이나 같겠지만 2층에서 바라보는 1층의 광경은 동물의 왕국이 따로 없었다. 여자들만 있는 테이블에는 남자들의 끊임없는 헌팅이 이어졌고, 희비가 엇갈렸다. 여자들도 어떤 남자가 대시하는가에 따라서 그 반응이 천차만별이라는 게 위에서 보니 더 확연히 느껴졌다.

그중 유독 눈에 띄는 테이블이 있었다. 여자 3명이 있는 테이블이었는데 거의 3분에 한 번씩 남자들이 와서 헌팅을 하고 있었고, 여자들은 매번 거절하기 바빴다.

단순히 지속적인 거절을 해서 눈에 띄었다기보다는 누가 봐도 그날 감성주점에서 가장 예쁜 여자 3명이 앉아 있는 테이블이었다. 외모가 뛰어난 남자들이 대시해도 지속해서 거절하는 것을 보면서 친구가 말했다.

"저 테이블 여자들은 진짜 남자 만날 생각 없이 왔나 봐."

나는 그 말을 듣고 비웃듯이 이야기했다.

"그럼 굳이 감성주점에 왜 왔겠냐? 어느 정도 염두에 두고 온 거지."

그 말에 친구는 발끈했다.

"무슨 소리야. 조금 전에 연예인처럼 잘생긴 남자 2명이 갔는데도 거절하더라. 그러니까 남자 만날 생각 없이 온 거지!"

친구의 말에 나는 재미있는 제안을 했다.

"나랑 내기할래? 저 테이블과 합석하면 네가 계산 다 하는 거 어때? 못하면 내가 낼게."

"저 남자들도 안 됐는데 우리가 합석한다고? 가능하겠냐? 나는 콜! 그렇게 하자."

친구는 제안을 받아들이고는 불가능할 거라고 생각하면서도 기대하는 눈치였다. 단언컨대 나는 그런 마음이 없었지만, 내 친구의 눈빛은 꽤나 간절해 보였다.

내기를 시작한 후 난 본격적으로 전략을 구상하기 시작했다. 그리고 친구에게 일단 우리 자리를 저 여자들 테이블의 바로 옆 테이블로 이동해야 한다고 말했다. 마침 그 테이블에 있던 남자들이 패잔병의 분위기로 퇴장할 기색이 보였고, 주점 직원을 불러 해당 자리를 가리키며 저 테이블이 비워지면 우리가 내려가겠다고 이야기를 해뒀다.

10분 후, 그 여자들 테이블 옆에 자리가 나서 서둘러 1층으로 내려갔다. 친구는 자리를 옮기면서 내게 말했다.

"옆 테이블로 간다고 해결책이 나오냐? 아까 옆 테이블에 앉았던 남자들도 갔다가 거절당했잖아. 또 뻔한 수를 쓰냐?"

우리가 이동한 다음에도 여자 테이블에는 끊임없는 헌팅이 이어졌다. 이 정도 거절하는 것을 봤으면 그만할 법도 한데, 오히려 남자들은 경쟁하듯 물러섬 없이 자리로 계속 찾아왔다.

난 자리를 옮긴 후에도 4팀 정도가 헌팅하는 걸 옆 테이블에서 조용히 지켜봤다. 그리고 타이밍을 기다렸다. 가장 적절하게 여자들이 후킹할 수 있는 타이밍을 말이다. 또다시 다른 남자가 다가와 헌팅을 시도했고, 여자들은 이번에도 어김없이 거절하며 서로를 보고 이제 진짜 지겹다는 듯이 이야기하기 시작했다.

난 그 타이밍을 놓치지 않았다. 바로 일어나서 동선이 가장 가까운 자리에 있는 여자에게 다가가 호의를 베풀듯이 이야기했다.

"계속 남자들이 와서 귀찮으신 것 같은데 저희가 일행인 척해드릴까요? 저희가 일행인 것처럼 보이면 아마 안 올 거예요. 노는 건 각자 놀고 일행인 척만 해드릴게요."

내 제안을 들은 여자는 바로 친구들에게 제안을 공유했고, 그녀들의 대답은 내가 예상했던 대로였다.

"진짜요? 감사합니다."

"좋아요. 일행인 척해주세요!"

일행인 척해준다는 명분하에 우리는 테이블을 붙여 앉았고, 자기소개를 시작으로 사실상 각자 놀자던 약속은 자연스럽게 무너졌으며 대화를 하고 함께하기 시작했다.

창업에 대해서 이야기한다더니 왜 이상한 무용담을 늘어놓느냐고 생각할 수 있겠지만 이 이야기 안에는 사실상 창업의 모든 진리들이 담겨 있다.

간단히 요약하면 '헌팅'은 1~2분의 단시간 내에 자기 자신의 이성적 가치를 상대방에게 판매하는 행위이다. 주점 내에 수십 명의 남자들이 여자들에게 자신의 이성적 가치를 세일즈하는데 실패했지만 나는 해냈다.

이 일화를 보고 '머리 잘 썼네' 정도로 생각할 수 있겠지만 PART 3을 읽고 난 이후에는 이 사례에서 어떤 심도 깊은 기술들이 사용됐는지 깨달을 수 있는 통찰력을 얻게 될 것이다.

02 창업으로 97% 망하는 방법

앞서 언급했듯이 나는 대한민국에서 가장 많은 창업가들을 만나는 사람 중 한 명이다. 자영업, 스타트업, 쇼핑몰 등 분야와 관계없이 1년에 수천 명의 창업가를 대면하여 직접 대화를 나누고 코칭하고 있다. 그래서 많은 데이터를 기반으로 초기 창업자들의 가장 보편적인 창업 스토리를 잘 알고 있다. 일반적인 초기 창업가의 창업 스토리는 다음과 같다.

1. 아이디어 도출 (1개월)

어느 날 아주 기발하다고 생각되는 아이디어가 떠오른다. 실제 이 아이디어로 구현된 상품이 시장에 있는지 1개월 정도 조사를 해보니 유사한 상품은 있지만 완벽히 내 생각대로 구현된 상품은 없다. 아이디어를 구체화하기 시작하면서 내 아이디어가 상품으로 구현되면 엄청나게 많은 사람들이 구매할 것이라는 확신을 하게 된다. 주변 사람들에게도 물어보니 괜찮은 상품인 것 같다는 피드백을 받는다. 그리고 본격적인 창업을 결심하게 된다.

2. 사업계획서 작성 및 자금 확보 (4개월)

이제 아이디어를 구현할 수 있는 제품을 만들어야 한다. 제품을 만들려면 기술력이 있어야 되는데 내가 직접 만들 수 있는 기술력이 없다. 그래서 구현해줄 수 있는 기술자를 찾거나 외주를 통해서 제품을 개발해야 한다. 아직 프로토타입(prototype, 개발 중인 기기, 프로그램, 시스템 등의 성능 검증 및 개선을 위하여 상품화에 앞서 제작하는 시제품)조차 나온 것이 없기 때문에 돈 대신 지분을 주는 형태로 기술자를 합류시키는 것은 불가능에 가깝다. 결국 많은 페이를 주고 기술자를 고용하거나 외주를 주는 것이 최선이라고 판단한다.

기술자에게 페이를 주거나 외주 업체에 의뢰하기 위해서는 어느 정도 자금이 필요하다. 아이디어에 대한 확신이 있으니 내가 그동안 모아둔 목돈을 사용하고, 몇 천만 원의 대출을 받기도 한다. 또는 외부에서 투자 유치를 받거나, 정부지원사업에 지원해서 지원금을 얻는 계획을 세운다. 정부지원사업이나 투자 유치를 위해서는 완성도 높은 사업계획서가 필요하다. 사업 모델을 고도화하면서 제품에 대한 기획안과 사업계획서를 작성하는데 2개월이라는 시간이 걸렸다. 사업계획서 작성이 완료되었으니, 본격적으로 투자 유치를 위해 투자자들에게 메일도 보내고 정부지원사업에 지원해서 합격한 경우 발표도 한다. 이런 과정을 거쳐 아주 운 좋게 5000만 원 정도의 자금 확보를 해내는 데 2개월의 시간이 소요된다.

3. 아이디어 구현 (4개월)

이제 본격적으로 제품 개발에 도입한다. 아무래도 요즘 기술자들의 몸값이 높아져서 시작부터 채용하는 것은 쉽지 않다. 그래서 일단 외주 업체와 작업을 하기로 결정한다. 인터넷에서 여러 업체들을 비교해서 괜찮아 보이는 외주 업체를 선정해 계약을 진행했다. 제품 개발까지 2개월 정도의 기간을 잡고 프로젝트를 진행하기로 약속했다.

외주 업체에 연락해 지속적으로 진행 상황을 체크하고 싶지만, 막연히 예정대로 잘되고 있다는 피드백만 받는다. 내가 기술자가 아니다 보니 그들의 말을 무조건 믿을 수밖에 없다. 2개월이 다 되어가서야 처음 제품이 어느 정도 완성되었는지 확인했는데 아직 절반도 완성되지 않았다는 회신이 왔다. 외주 업체에서 1개월 정도의 시간이 더 필요하다는 의견을 받는다. 그렇게 한 달의 시간을 더 주고 우여곡절 끝에 제품을 전달받았다.

그런데 처음 기획했던 것에 비해서 많은 기능이 빠져 있고 심지어 잦은 오류도 발견되었다. 외주 업체에 연락해서 싸우다시피 이야기를 하고 다시 유지 보수를 해주겠다는 답변을 받는다. 이후 기능을 정비하고 오류가 나는 부분을 수정해 어느 정도 만족할 만한 제품을 받기까지 다시 1개월의 시간이 걸린다.

어느덧 아이디어 기획(1개월), 사업계획서 작성(2개월), 자금 확보 활동(2개월), 제품 개발(4개월)까지 약 9개월이 지난 후에야 100% 만족할 만한 수준은 아니지만 그래도 고객에게 제공할 수 있는 제품이 나왔다. 외주를 주고 비품 등을 구매하니 5000만 원 자금은 거의 소진이 된 상태이다.

4. 론칭 후 개선 (3개월)

본격적으로 제품을 론칭(스토어에 제품 업로드, 앱스토어에 앱 론칭, 웹사이트 론칭 등)하고 고객의 반응을 지켜본다. 제품이 나오기만 하면 고객 반응이 폭발적이라고 기대했던 것과는 다르게 고객 반응이 전혀 없다.

'마케팅을 제대로 하지 않아서 그런 건가?'라는 생각이 들어 그제야 본격적으로 마케팅에 대해 공부하기 시작한다. 1개월 정도 속성으로 마케팅에 대해 공부를 하고 나니 페이스북이나 인스타그램 같은 소셜 광고를 집행해야 하고, 리타깃팅 같은 세팅도 해야 한다는 것을 깨달았다. 이제 마지막 남은 몇 백만 원으로 페이스북 광고를 집행해본다. 광고를 집행했는데도 제품을 구매한다거나 앱을 다운로드 한다거나 하는 반응이 보이지 않는다.

고객 반응이 없으니 다시 처음으로 돌아와서 제품에 완성도가 내가 처음 기대했던 수준이 아니라는 생각에 사로잡힌다. 제품을 좀 더 개선해야겠다 결심하고 이제는 기술자를 채용해야겠다고 마음먹는다.

앞서 자금을 확보했던 방법대로 다시 1개월 만에 수천만 원의 자금을 아주 운 좋게 확보한다. 기술자를 채용하고 면접 보는데 1개월 정도의 시간이 또 소요된다. 아무래도 작은 회사다 보니 엄청나게 실력 있는 기술자를 채용하는 것은 욕심이라는 것을 깨닫고, 적당히 합리적인 선에서 잠재력이 보이는 기술자를 채용하기로 결정한다.

주니어 기술자를 채용하고 자신이 가이드를 제시해 제품을 개선하기 시작한다. 기술자가 아직 실력이 출중하지 않아서 몇 개 안 되는 작은 기능들을 개선하고 추가하는데 3개월의 시간이 또 흐른다. 이제 내가 처음 생각했던 수준으로 퀄리티가 있는 제품이 만들어졌다 판단하고 다시 마케팅을 해보기 시작한다. 여전히 고객 반응이 없다. 판매가 일어나지도 고객이 유입되지도 않는다.

5. 사업 종료

분명 사람들에게 필요하고 구매를 할 만한 아이디어라고 생각했는데 나의 생각이 처음부터 잘못되었던 건 아닐까 의구심이 생기기 시작한다. 시간이 지날수록 의심은 확신이 되고, 결국 아이디어가 잘못되었다는 것을 인정하고 사업을 접기로 한다.

사업을 접고 회고해 보니 처음으로 창업을 한 것인데 너무 많은 것들을 낭비했다. 1년이 넘는 시간도 흘러갔고 외부에서 자금을 어느 정도 끌어왔다지만 내 자금을 사용하기도 했으며, 그 시간에 회사를 다녀 받았을 월급까지 고려하면 8000만 원 이상의 금전적 손해를 보았다.

창업이 원래 이렇게 위험한 거였다는 생각을 다시 한 번 하면서 '창업은 실패하면 망하는 거야'라는 말에 대해 실감하게 된다. 그리고 '내가 창업할 인물은 아니구나'라고 깨닫고 다시는 창업을 안 해야지 마음먹는다.

그렇게 일상을 보내다가 주변에 누군가 창업한다는 사람이 있으면 이렇게 이야기한다.

"야! 창업하면 망할 수도 있어. 그거 위험한 거야."

아이러니하게도 대부분의 초기 창업자들은 97% 망할 수밖에 없는 방법으로 창업을 시작한다. 왜 많은 사람들은 망할 수밖에 없는 방법으로 창업을 하는 것일까?

우선 처음 창업하는 사람이 떠올린 아이디어가 실제로 시장에서 고객의 수요가 있을 만한 아이디어일 가능성이 얼마나 될지 이해하는 게 중요하다. 처음 창업한 사람의 경우 단 한 번도 어떤 대상에게 가치를 제공하고 돈을 받는 직접적인 거래 행위를 해본 적이 없다. 그나마 있는 경험이라면 회사가 원하는 노동 가치를 제공하고 그에 대한 대가로 근로 소득을 받았던 것이 유일하다.

그래서 초기 창업자들은 일반 고객의 니즈에 대한 감이 현저히 떨어진다. 초기 창업자들이 떠올리는 좋은 아이디어라고 생각한 대부분의 것들은 고객 수요를 충족시켜주지 않는 것일 가능성이 매우 높다. 무료로 줘도 쓰지 않을 만한 아이디어가 대부분이다.

나는 매년 수천 명의 창업가를 교육하면서 가설(아이디어) 수립에 대한 수업을 항상 진행한다. 그런데 그들이 세운 가설들을 보면 실제 시장에서 먹힐 만한 가설은 그것들 중 3%도 되지 않는다는 것을 알 수 있다. 단순히 직감에만 의존해서 이야기하는 것은 아니다. 가설들로 실험해서 고객의 수요를 확인하는 실습까지 교육 과정에 포함되기 때문에 실제 실험의 결과 데이터를 봤을 때 유효한 가설이 3% 정도밖에 안 된다는 것을 통계적으로도 확인했다.

표본이 좁다고 생각할 수 있으나 이미 많은 매스컴에서도 초기 창업자의 5년 내 폐업율이 90%라고 한다. 10%만 살아남는다는 것인데 그 10% 중에서도 처음 세운 가설을 그대로 유지한 사업을 하는 경우는 매우 드물다. 그렇기 때문에 처음 세운 가설로 성공한 사람은 3% 정도밖에 되지 않는다는 것을 추론할 수 있다.

이처럼 초기 창업자들이 처음 세운 가설이 실제 시장에서 먹히는 가설일 가능성은 3%이다. 문제는 대부분의 창업자들은 고작 3% 확률에 너무 많은 자원을 베팅한다는 것이다. 앞에서 이야기한 보편적인 사례처럼 대부분 자신의 제품과 서비스를 만드는데 1년 이상의 시간과 1억 원 가까이 되는 자금을 투자한다. 이렇게 많은 자원을 투자한 후에야 고객이 수요가 있는가를 검증하게 되고, 그때 고객이 정말 수요가 있을 가능성은 고작 3%밖에 안 되는 것이다.

이런 창업 방식만 존재한다면 창업은 매우 위험한 게 맞다. 3% 확률에 1년이라는 시간과 1억 원 가까운 돈을 투자해야 하는 방법이 창업의 유일한 방법이었다면 나라도 창업을 절대 선택하지 않았을 것이다. 이 책을 읽고 있는 이들을 포함해서 대부분 사람들은 이런 방식의 창업이 당연하고 유일한 창업의 방법이라고 생각한다. 그렇기 때문에 대부분의 사람들은 창업을 위험한 것, 망하기 쉬운 것이라고 생각할 수밖에 없다.

하지만 만약 거의 무자본에 가깝게 1개월 정도의 시간만 투자해서 고객 수요를 확실하게 확인할 수 있는 창업 방식이 있다면 어떨까? 많은 자원을 투자해서 제품을 먼저 만들고 고객 수요를 확인하는 것이 아니라, 아주 적은 자원만 투자해서 고객의 수요가 있다는 것을 확실히 확인한 다음에 제품을 만들 수 있다면 창업이 정말 그렇게 위험하고 망하기 쉬운 것이라고 볼 수 있을까?

망하는 게 더 어려운 창업 필승 공식

나 또한 처음 창업을 진로로 결정한 이후, 내가 대표로 직접 창업하는 데까지 5년의 시간이 걸렸다. 5년이 걸린 것은 창업을 하기 위해 충분한 역량을 만드는 과정이기도 했지만 창업의 리스크에 대한 두려움 때문이었다.

20대 초반에는 작은 스타트업 회사에 다니며 창업의 과정을 지켜봤고 그때 일하면서 받은 월급을 열심히 모아서 창업 자금으로 2000~3000만 원을 마련하기도 했다. 한 번쯤 도전해볼 만한 자금도 모았지만 쉽게 창업하기 어려웠다. 창업을 하면 내가 피땀 흘려 모아온 돈이 정말 아무것도 아닌 돈이라는 것을 잘 알았기 때문이다. 간단한 마케팅만 집행해도 한 달에 2000~3000

만 원이 들었다. 그래서 '5년 동안 내가 모은 돈이 아무 의미 없이 사라지면 어떡하지?'라는 두려움에서 벗어나지 못했다. 창업을 꿈꾸는 대부분의 사람들이 두려워했던 것과 나도 크게 다르지 않았다.

내가 지금까지 11번 이상의 연쇄 창업을 했다는 것을 알게 된 대부분의 사람들은 나를 리스크에도 쿨하게 베팅할 줄 아는 대인배처럼 생각한다. 하지만 앞서 이야기했듯이 나는 그 누구보다 리스크를 두려워하고, 안정적인 것을 추구하는 사람이었다. 리스크에 베팅할 만큼의 깜냥이 되지 않는 사람인 것이다. 그것은 지금도 전혀 변함이 없다.

그렇다고 창업의 꿈을 포기할 수는 없었다. 그래서 5년 동안 끊임없이 고민하기 시작했다.

'어떻게 하면 리스크 없이 창업을 할 수 있을까?'

그리고 어느 순간 리스크 없이도 창업할 수 있는 공식을 깨닫게 된다. 그 공식을 깨닫고 난 이후에 지금까지 11번 이상의 연쇄 창업을 하고 있다. 지금 나에게 창업은 전혀 위험한 것이 아니다. 어떤 리스크도 없고, 과학 실험만큼이나 쉽게 할 수 있는 일상적인 것이 되었다.

누구보다 리스크에 대한 두려움 때문에 창업하지 못했던 내가 창업을 밥 먹듯이 할 수 있게 된 것처럼, 누구나 이 공식을 이해하고 나면 나와 같이 창업이 일상적인 것이 될 수 있다고 확신한다.

내가 거의 일주일에 2시간만 투자하고도 순수익으로 연 1억 원 정도의 부수입을 만들어냈던 창업 사례가 있다. 날씨 좋은 날에 여자친구와 함께 한강을 놀러 갔을 때였다. 평소 집 데이트를 즐기는 커플이다 보니 한강에 처음 놀러 가는 것이었는데, 그날 한강은 많은 커플들로 북적였다.

특이했던 건 거의 모든 커플들이 돗자리만 펴는 게 아니라 텐트를 치고 놀고 있었다. '다들 집에 텐트를 하나씩 가지고 있나?' 라는 생각이 들 때쯤 옆에서 웨건(바퀴 달린 짐수레)에 텐트를 포함한 캠핑용품들을 넣어서 끌고 지나가는 한 커플이 보였고, 그 웨건의 앞쪽에는 캠핑용품 대여점의 매장 이름이 적혀 있었다.

순간 호기심이 들어 나는 그 매장 위치를 물어보고 직접 캠핑용품을 대여하러 가게 되었다. 대여점에 도착하니 이미 많은 커플들이 줄까지 서가며 캠핑용품을 대여하고 있었고 내가 도착했을 때쯤에는 이미 대여점에 용품이 거의 소진되어 있는 상태였다. 운이 좋게 마지막 캠핑용품을 3만 원을 주고 대여했고, 내 뒤에 줄을 서 있던 커플들은 허탕을 치고 다른 매장을 알아보러 갔다.

그날 우리는 운 좋게 여느 커플과 같이 텐트를 치고 한강에서 놀 수 있었다. 놀면서 주변을 둘러보니 대부분의 커플들이 자신의 텐트를 가지고 온 것이 아니라 대여를 했다는 것을 한눈에 알수 있었다. 그 모습을 보고는 여자친구에게 물었다.

"와, 용품 대여 매장 돈 진짜 많이 벌겠다. 한 번 빌려주는데 3만 원씩만 받아도 하루에 100팀 받으면 하루 매출이 300만 원이네. 우리도 저런 매장이나 하나 해볼까?"

"이미 너무 많지 않을까?"

그 말에 나는 얼마나 많은 매장이 있는지 찾아보기 위해서 휴대폰을 켜서 '반포 한강 텐트 대여'라는 키워드로 네이버에 검색을 했다. 실제로 검색을 해보니 지도상으로 2~3개 정도의 매장들이 이미 있었다. 그런데 지도에만 매장 소개가 되어 있고, 온라인상에 그럴듯하게 사이트를 만들어 놓은 매장이 없었다. 아마그때 당시에는 굳이 온라인 사이트까지 구축하지 않아도 매장이잘되기 때문이었을 것이다.

그때 떠오른 것이 바로 아까 캠핑용품 물량이 소진되어 끝내빌려 가지 못했던 커플이었다. 만약 온라인으로 미리 캠핑용품을예약해두고 왔다면 허탕 칠 일이 없었을 것이다. 그래서 그때 바로 '캠핑용품 대여를 온라인 예약으로 편하게 해주면 사람들이많이 예약을 할 것이다'라는 가설을 만들었다.

여자친구에게 '그럼 우리가 예약 사이트를 만들어볼까?'라는 제안을 했고 우리는 그날 바로 카페에 가서 '한강에피크닉'이라는 사업체명으로 매우 간단한 한 페이지로 구성된 사이트를 만들었다.

한강에피크닉 사이트

이미지처럼 간단하게 용품 구성 소개, 예약 일자와 시간을 정해서 예약을 하는 사이트였다. 예약 확정을 위한 결제도 PG연동 등 거창한 것을 하지 않고 입금할 수 있도록 계좌번호를 공개해 두었다. 2일 만에 사이트를 만든 다음에는 사람들이 사이트에 들어올 수 있도록 마케팅 작업을 간단하게 시작했다. 네이버에서 '반포 한강 텐트 대여'라고 검색했을 때 우리 사이트가 노출되는 것을 목표로 블로그 기자단을 모집해서 3개 정도의 블로그 글들을 발행했다.

그렇게 한강에피크닉을 시작한지 2주도 채 되지 않아서 '반포한강 텐트 대여'를 했을 때 우리 사이트에 대한 소개글이 블로그 영역에 노출됐고, 노출된 당일에 4건의 용품 예약이 들어왔다. 4건 예약이 되는 걸 보고서야 우리는 5개의 캠핑용품을 온라인으로 구매했다. 그 다음 날, 그 이튿날에도 10건, 20건 계속 물밀듯이 예약이 들어오기 시작하자 그제야 확신할 수 있었다. 매장만 차리면 무조건 성공적인 사업을 할 수 있을 거라는 확신 말이다.

1000만 원 정도의 비용으로 아주 작은 첫 매장을 차리는 것을 시작으로 그 이후 한강에피크닉은 반포, 여의도, 망원까지 3개 지점까지 빠르게 확장되었고, 코로나 이전 3개 매장 모두가 잘될 때에는 연 1억 원 정도의 순수익을 얻을 수 있었다.

나는 한강에피크닉을 창업하던 당시에도 대전에서 본업인 학원 운영을 하고 있었기 때문에 대부분의 일을 사람을 채용해서 위임했고, 내가 한강에피크닉을 운영하는데 썼던 시간은 주에 2시간이 채 되지 않는다. 그때 당시 마침 정년퇴직하신 아버지에게 매장 운영을 위임하면서 아버지도 쏠쏠한 용돈 벌이를 하셨다. 지금은 코로나 이후 망원점은 폐업하고, 여의도점은 매각을 해서 반포점만 운영을 하고 있다. 비록 지속적인 확장성을 만들지는 못했지만 이미 난 이 사업을 통해서 투자금의 최소 10배 이상의 수익을 만들어냈다.

이 사례에는 내가 이야기하는 창업으로 절대 망할 수 없는 창업 필승 공식의 핵심이 모두 담겨 있다. 난 이 공식을 알고 난 이후부터 단언컨대 창업이 가장 쉬웠다. 공부를 재수하면서 해도 서울 중위권 대학밖에 가지 못했고, 게임을 해도 항상 랭커 근처도 가지 못했던 내가 가장 쉽게 잘할 수 있는 건 창업이었다. 그 어떤 것보다 쉬우면서 성과가 잘 나오는 게 창업이기 때문에 나에게 가장 재미있을 수밖에 없었다. 그래서 지금도 끊임없이 창업하고 있고, 올해에도 어김없이 3개의 새로운 창업을 해서 성공적으로 운영하고 있다.

이 사례에서 사용된 창업 필승 공식은 다음과 같다.

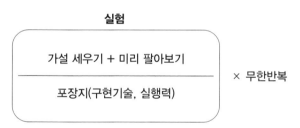

1단계, 가설을 세운다.

내가 한강에서 데이트를 하다가 우연히 '캠핑용품 대여를 온라

인에서 예약할 수 있도록 해주면 많은 사람들이 이용할 것이다'
라는 가설을 세운 것처럼 가설은 가볍고 빠르게 만들어야 한다.
가설을 세우는 데 많은 시간을 들일 필요가 없다. 설문을 해서
고객의 의견을 받아 가설을 고도화하는 작업이야말로 가장 쓸데
없는 짓이다. 설문으로 얻은 고객의 의견은 절대 가설에 대한 근
거가 되지 못한다. 가설을 아무리 구체화하고 고도화한다고 해
도 실제 팔아보기 전까지는 가설은 말 그대로 가설일 뿐이기 때
문이다.

그리고 앞서 이야기했듯이 내가 어떤 가설을 떠올린다고 하더
라도 그것이 실제 유효한 가설일 가능성은 3%밖에 되지 않는다.
가설 수립에 많은 시간을 투입한다고 해서 그 확률이 높아지는
것은 절대 아니다. 그래서 창업을 하는 모든 사람들이 가설 수립
을 하는 탁상공론에 많은 시간을 낭비하지 않길 바란다.

2단계, 구현 기술과 실행력을 이용해서 아주 간단한 포장지를
만든다.

실제 내가 이틀 만에 만든 원페이지 사이트는 내가 아니더라
도 초등학생도 만들 수 있는 수준의 기능만 담았다. 비록 사이트
를 만들 당시에는 내가 가진 코딩 역량을 구현하는데 사용했지
만, 지금은 원페이지 사이트를 만들 때 코딩 역량은 필요하지 않

다. Imweb, Wix 같은 솔루션들만 잘 써도 노코드로 하루 만에 원페이지 사이트를 만들어 낼 수 있기 때문이다. 이처럼 하루만 투자해서 Imweb, Wix 같은 노코드 사이트 제작 솔루션의 구현 기술 정도만 익혀둔다면 수많은 창업을 하는데 핵심 도구가 될 것이다.

당연하지만 구현 기술과 함께 가장 갖추고 있어야 하는 것은 실행력이다. 아무리 좋은 가설과 구현 기술이 있다고 하더라도 결국 실행하지 않으면 어떤 검증도 해내지 못한다. 이후 PART 4 에서는 실행력을 어떻게 만들 것인가에 대해 매우 구체적으로 알아볼 것이다.

3단계, 포장지만 미리 팔아보기를 해본다.

고객이 실제 내가 팔려는 상품의 구매 여부를 검증하기 위해서는 포장지만으로도 충분하다. 상품 내용물이 없는 포장지만으로도 고객의 수요를 100% 확인해 볼 수 있다는 뜻이다. 한강에피크닉도 실상은 매장도 없고 구비해 놓은 용품도 없었지만 원페이지 사이트라는 포장지로 고객의 수요를 확인할 수 있었다.

3% 확률밖에 되지 않는 가설에 1년의 시간, 1억 원의 자원을 투자해서 상품을 먼저 만들고 나서야 고객의 수요를 확인하면 97% 확률로 망하게 되는 것은 당연하다. 그래서 상품을 완성하

기 전에 포장지만으로 미리 팔아보기를 하고 고객의 수요를 먼저 확인해야 하는 것이다. 이 미리 팔아보기만 잘 해낸다면 수십 번의 연쇄 창업이 가능하다. 수십 번의 연쇄 창업을 하면서 설령 고객의 수요가 보이지 않는 '실패'를 여러 번 경험하게 된다고 하더라도 그것은 오히려 플러스의 경험치가 되지 결코 망하는 결과를 낳지 않는다.

'실패'와 '망함'은 완전히 다른 의미이다. '실패'는 하나의 데이터일 뿐이다. '이 가설에 대한 고객의 반응이 내 생각과는 다르구나'라는 하나의 데이터를 얻은 것이지 그것이 망함을 의미하지 않는다. '망함'은 많은 자원을 잃었을 때를 의미한다. 앞서 보았듯이 미리 팔아보기를 한다면 장담컨대 '망함'을 경험할 일은 일어나지 않는다. 고객의 수요가 100% 확인됐을 때부터 자원을 투자하기 때문이다.

미리 팔아보기는 이미 유니콘이 된 많은 스타트업들도 사용한 방법이다. 대부분이 아는 토스도 처음 송금 서비스를 론칭할 때 원페이지 사이트만으로 고객의 수요부터 확인했다. 송금에 대한 어떤 기능과 개발도 되어 있지 않은 상태에서 원페이지 사이트로 송금 서비스에 대해 소개하고 사전 예약자를 받은 것이다. 그때 엄청나게 폭발적인 사전 예약의 수요를 보고 그때부터 본격적인 송금 기능을 개발하기 시작했다.

그 외에 명함 정리 서비스 리멤버도 미리 팔아보기를 이용한 사례로 볼 수 있다. 리멤버 앱의 핵심은 명함 사진을 찍으면 인공 지능 기술을 이용해 명함의 텍스트를 자동으로 휴대폰 주소록에 정리해주는 것이다. 리멤버는 서비스를 론칭할 당시 명함을 인식 해낼 수 있는 기술 개발이 거의 미미했다. 그래서 처음에는 고객 이 리멤버로 명함을 사진으로 찍으면 리멤버 회사의 관리자단으로 전달되고 그것을 다시 수많은 아르바이트생들이 직접 타이핑 해서 정리하는 형태로 서비스를 제공했다.

그렇게 비효율을 감수하며 포장지와 같은 앱을 사람들에게 먼 저 제공했고, 유저가 많이 늘어나는 것을 보고 그제야 명함 인식 기술을 본격적으로 연구 개발하기 시작했다. 이 또한 상품의 내 용물 없이 포장지만으로 고객에게 명함 정리 서비스를 미리 팔아 보기 해본 사례라고 볼 수 있다. 만약 명함 인식 기술을 완벽하게 먼저 만들고 서비스를 론칭했다면 훨씬 더 높은 리스크를 안게 되었을 것이기 때문이다.

4단계, 이제 1~3단계를 무한히 반복하면서 끊임없이 실험하면 된다.

큰 리스크 없이도 1~3단계를 무한히 반복할 수 있으며, 최소 10번 이상의 실험만 반복하더라도 장담컨대 최소 1번 이상의 성공 경험을 가지게 될 것이다. 고객의 수요가 확인되는 성공 경험이 생기면 그때서야 본격적으로 자원을 투자해서 상품을 고도화해 나가면 된다.

만약 창업 필승 공식에 따라서 10번 이상의 실험을 했는데 단한 번의 성공 경험도 하지 못했다면, 책값의 100배를 보상해줄것을 내 모든 것을 걸고 약속한다. 그만큼 나는 창업 필승 공식에 대해 확신이 있다.

나는 5년 정도 노량진에서 매주 일요일 오전마다 친한 사업가들과 모임을 가졌었다. 모임 때마다 주말에도 어김없이 공부하는수많은 고시생, 수능 준비생 등의 학생들을 볼 수 있었다. 평일과주말 할 것 없이 잠자는 시간을 제외한 모든 시간을 공부에 쏟는그들의 모습을 보면서 항상 생각했다.

'난 나의 영역(사업)에서 저들만큼 몰입해서 노력하고 있는가?'

내가 사업의 영역에서 하는 노력은 그들의 노력에 비하면 한참미치지 못한다. 그래서 난 창업 필승 공식에 더 확신이 들었다. 만약 저 친구들이 지금 하는 노력의 정도를 창업에 투자했다면 최소 50% 이상 창업이라는 영역에서 성공했을 것이라는 합리적인추론을 할 수 있었기 때문이다.

내가 그들의 노력에 한참 못 미쳤음에도 이만큼의 성공을 경험한 것처럼, 내가 지켜봐 온 주변의 수많은 성공한 사업가들 또한 노량진에서 몰입하는 학생만큼 치열하게 노력한 이들이 결코 많지 않다. 그래서 난 항상 사업을 시작하는 이들에게 말한다. 노량진 학생들만큼 몰입해서 창업에 노력한다면 분명 한 번의 성공을 경험할 수 있을 것이라고.

최근 시청한 유튜브에 한 영상에서는 이런 내용을 봤다. 직장인이 되어 성과를 내고 연봉을 9000만 원까지 올리는 것보다 사업을 해서 월 9000만 원의 매출을 만드는 것이 더 쉬운 것 같다는 이야기였다. 나는 이 말에 극히 공감한다.

결코 성과의 크기가 투입한 노력의 크기를 의미하지 않는다. 사람들은 창업을 해서 성공한 이들이 직장인으로 성공한 이들보다 더 많은 부를 이뤄냈기 때문에 분명 훨씬 더 많은 노력을 투입했을 거라고 생각하지만 전혀 그렇지 않다. 노력의 크기가 더 컸기 때문이 아니라 더 큰 성과가 나올 수 있는 방향으로 노력을 투입한 것이다. 창업을 한 이들의 우위는 단지 더 넓은 세계관을 가졌다는 것뿐이다. 더 넓은 세계관을 가지고 있었기 때문에 더 큰 아웃풋을 낼 수 있는 사건에 자신의 자원을 투자할 수 있었던 것이다.

그동안 창업이라는 영역은 대중들에게 성역처럼 여겨졌다. 일반인은 할 수 없는 것, 특출한 사람만 할 수 있는 것, 돈이 많아야만 할 수 있는 것이라고 여겨져 왔다. 단언컨대 창업 필승 공식을 활용하면, 창업은 취업을 준비하는 것보다 더 리스크가 없을 뿐만 아니라 훨씬 더 큰 금전적인 성과를 만들어 낼 수 있다. 앞으로 이야기할 창업 필승 공식에 대한 구체적인 내용과 추가적인 사례들을 보면 생각이 완전히 달라질 것이다.

04 창업 필승 공식을 적용할 수 있는 사업

내가 처음 창업한 사업은 코딩 학원이었다. 2017년 당시 코딩이 곧 공교육에 도입이 될 것이라는 이야기가 매스컴에 한참 뜨기 시작할 때였다. 내가 코딩 학원을 시작하게 된 계기는 내가 코딩과 교육에 교집합을 가지고 있었기 때문이다. 20대 초반에 처음 창업을 결심한 후 자본이 없으니 내가 직접 서비스나 제품을 만들 수 있는 역량을 만들어야겠다는 생각으로 가장 먼저 했던 것이 코딩을 배운 것이었고, 교육은 나의 정체성에서 내 행복 가치를 매우 많이 충족시켜주는 분야였다. 그래서 학원 창업 이전에도 후배들을 대상으로 교육하거나 스터디를 만들어서 지식을 공유하는 일들을 항상 해왔다.

이런 교집합이 있는 시점에서 코딩 교육 시장이 확장될 것이라고 예측하는 뉴스들을 보면서 코딩 학원 창업에 대해 진지하게 고민하기 시작했다. 또 다른 이유는 학원 사업이 확실하게 바로 돈을 벌 수 있는 사업이라고 생각했기 때문이다. 학원 창업을 하기 이전에 여러 스타트업에서 일하면서 느낀 것은 대부분의 스타트업들이 초기에 돈을 벌지 못하고 적자를 내며 투자로 생존하는 조직이라는 점이다. 난 언제 망할지 모르는 조직을 운영하고 싶지 않았다. 그 정도 리스크 있는 것을 할 만큼 용기가 없었는지도 모른다. 하지만 그중에 학원 창업은 적어도 바로 돈을 벌면서 운영할 수 있는 장사에 가깝다고 생각했다.

이미 서울에는 쟁쟁한 회사들이 코딩 학원을 론칭하여 이미 경쟁을 하고 있는 시점이었고, 반대로 대전의 경우에는 그럴듯한 코딩 학원이 거의 없었다. 그래서 처음 세운 가설은 '학구열이 높은 서울 대치동의 코딩 교육 커리큘럼을 대전에서 제공하면 많은 학부모들이 아이들을 교육시킬 것이다'라는 것이었다.

앞서 창업 필승 공식에서 이야기했듯이 가설은 아주 가볍게 네이버 지도만 켜서 학원들 리스트를 보면서 수립했다. 대부분의 사람들은 학원 창업을 하기 위해서는 학원을 차리는 비용 등이 들기 때문에 꽤 많은 리스크가 있는 사업이라고 생각한다. 하지만 난 앞선 창업 필승 공식에 따라 포장지를 만들고 미리 팔아보기를 할 준비를 했다.

코딩 학원에서의 포장지는 학부모 설명회를 여는 것이었다. 학원 사업장을 임대하기도 전에 나는 학부모 설명회를 열기 위해 대치동의 교육 커리큘럼을 잘 보여주는 포스터와 설명회 발표 자료들을 만들었고, 그 이후 직접 아파트를 돌아다니며 포스터와 전단지를 뿌리기도 하고 지역 맘카페에서 설명회에 대한 홍보도 했다.

설명회를 열 수 있는 공간까지 대여해 총 5회의 설명회를 진행하면서 20명 정도의 학부모에게 우리가 앞으로 하려고 하는 코딩 교육에 대해서 설명하고 세일즈할 수 있었다. 설명회를 하는 것에서 그치는 것이 아니라 학부모들이 실제 코딩 교육에 대한 수요가 있는가를 확실하게 확인하기 위해서는 더 명확한 데이터가 필요했다.

실제 교육을 받겠다고 결제하는 것만큼 확실한 데이터는 없을 것이다. 그래서 그룹 과외를 먼저 모집해서 시작할 것이라고 이야기했다. 학원을 곧 차리는데 시간이 조금 걸려서, 우선 그룹 과외를 하다가 학원이 만들어지면 바로 이동해서 학원에서 수업을 진행할 것이라고 이야기하고 학부모를 설득했다.

그렇게 설명회를 참여한 20명 중에 5명의 학부모가 실제 원비 결제를 했고, 그때부터 스터디룸을 하나 빌려 직접 아이들을 그룹 과외하기 시작했다. 분명 학부모가 결제까지 하고 수요가 있다는 것이 어느 정도 확인되었지만 처음 창업을 한 나에게는 그보다 더 큰 확신이 필요했다. 이후 그룹 과외를 1개월 정도 진행하자 학부모들과 학생들의 만족도가 매우 높아 소개를 통해서 학생 수가 점차 늘어나기 시작했다. 10명까지 학생 수가 늘어나는 시점에서야 미리 팔아보기가 성공적이었고 고객의 수요가 있다고 99% 정도 확신할 수 있었다. 확신을 하고 그제야 월세가 100만 원도 되지 않는 원래 작은 학원이었던 곳을 임대해서 본격적인 학원 창업을 할 수 있었다.

그 이후에도 학생 수가 꾸준히 늘어나서 6개월도 채 되지 않아 더 넓은 지금의 학원 장소로 이전을 했고, 학원 창업을 한지 5년이 지난 지금까지도 대전에서 초중고 코딩 학원 중 가장 규모 있는 학원으로 자리 잡아 안정적으로 운영하고 있다.

창업 필승 공식은 대부분의 사업에 적용 가능한 이론이다. 용품 대여업에도 적용할 수 있었고, 학원업에도 적용할 수 있었던 것처럼 대부분의 사업에서 활용 가능하다.

온라인 교육 서비스와 콘텐츠

심지어 현재 가장 메인으로 운영하고 있는 라이프해킹스쿨(파이어족을 위한 온라인 교육 서비스) 또한 창업 필승 공식을 이용해 성공시킬 수 있었다. 마찬가지로 가설은 가볍게 시작했다. 앞서 이야기했듯이 이미 시대는 변화하고 있고 근로 소득만으로는 결코 생존하기 어려운 시대가 되었다. 많은 사람들이 부업, 재테크, 창업에 관심을 가지기 시작하는 시점에서 이것에 특화된 온라인 교육 서비스가 필요하다고 생각했다.

이미 국내에 패스트 캠퍼스, 클래스101, 탈잉 등의 온라인 교육 서비스들이 많이 있었지만 창업과 돈을 버는 방법에 특화된 교육 서비스는 없었기에 충분히 가능성이 있다고 생각했다. 이후 더 자세히 설명할 패스트 팔로어 전략과 니치 마켓(niche market, 틈새시장) 전략을 적용하여 기존 온라인 교육 서비스들의 타깃 고객 중 돈에 관심이 많은 파이어족만으로 타깃을 좁혀서 서비스 론칭에 대한 계획을 세웠다.

'파이어족에게 특화된 온라인 교육 서비스와 콘텐츠가 있으면 이용할 것이다'라는 가설을 세우고 마찬가지로 포장지와 미리 팔아보기를 준비했다. 이번에 이용한 포장지는 '와디즈'라는 크라우드 펀딩 사이트였다. 와디즈에서 '고객 DB를 얻을 수 있는 랜딩페이지 만들기' 강의를 론칭해서 판매해보는 계획을 세웠다. 와디즈는 애초에 미리 팔아보기에 최적화된 서비스이다. 제품과 서비스를 먼저 만들기 전에 고객에게 미리 펀딩(구매)할 수 있는 기회를 제공하고, 지정한 펀딩 목표를 충족하면 그때부터 약속한 제품과 서비스를 만드는 것이기 때문이다. 그래서 와디즈에 강의 상품에 대한 커리큘럼과 장점들을 자세히 담은 상세페이지를 만들어 론칭했고, 2000만 원 정도의 펀딩 목표를 달성할 수 있었다.

이 펀딩 결과로 내가 세운 가설에 대해 99% 정도의 확신을 할 수 있었고 그때부터 사이트를 본격적으로 만들고 강의 제작에 돌입했다. 이미 2000만 원의 수익이 만들어진 상태로 사이트를 만들고 강의를 만들었기 때문에 리스크는 거의 0에 수렴했다고 볼 수 있다.

그렇게 론칭한 라이프해킹스쿨은 현재 국내에서 가장 규모 있는 온라인 창업 교육 서비스이다. 최초로 8주 과정의 '창업부트캠프300' 프로그램을 만들어서 운영하고 있으며, 매 기수마다 50명만 선발하기 때문에 유료교육 과정임에도 3:1 이상의 경쟁률이 항상 존재한다. 이처럼 온라인으로만 운영되는 온라인 교육 서비스도 창업 필승 공식을 정확히 적용하여 리스크 없는 창업을 해냈다.

앱 서비스 창업

대부분 앱 서비스 창업을 도전하는 경우에는 미리 팔아보기가 불가능하지 않냐는 이야기를 많이 한다. 실제로 앱 서비스를 미리 팔아보기 한 사례는 500억 가까이 매출을 내고 있는 쓰리제이에듀라는 영어 교육 브랜드가 있다. 쓰리제이에듀 창업자 현승원 대표는 초기 아이들에게 단어를 쉽게 외울 수 있게 해주는 앱을 기획했다. 단어를 1초만 보여주고 단어가 바로 가려지면서 뜻을 적게 하는 기능이 있는 앱이었다. 그런데 그 앱을 만들기 위해 견적을 받아보니 1억 원이 든다는 이야기를 듣고 리스크가 너무 크다고 판단해 앱 개발을 포기했다.

그래서 앱을 만드는 대신 포장지를 만들고 미리 팔아보기를 했다. 현승원 대표가 사용한 포장지는 PPT였다. PPT로 앱에 넣으려고 했던 같은 기능을 구현했다. PPT의 애니메이션 기능을 이용해서 1초 동안 단어를 보여주고 뜻을 적게 하는 기능을 동일하게 구현해서 아이들을 교육했고, 실제로 회사의 매출이 200억까지 성장할 때까지도 그 PPT를 이용했다고 한다. 현승원 대표는 '단어를 1초 보여주고 바로 뜻을 적게 하는 형태의 교육이 아이들에게 교육적 효과가 있을 것이다'라는 가설을 검증하고자 하는 것이었고, 그것은 결코 앱을 다 만들어야만 검증할 수 있는 것이 아니었던 것이다. 충분히 포장지를 만들고 미리 팔아보기를 해볼 수 있는 것이었다.

내가 멘토링했던 한 창업자는 아이들이 동화 창작을 가능하게 하는 앱을 만들고 있었다. 동화의 배경을 선택하고, 캐릭터를 고르고, 말풍선을 배치해 내용을 채워서 여러 장면을 만들 수 있는 앱이었다.

내가 그에게 이야기했던 것은 지금 결코 앱을 만들 이유가 없다는 것이었다. 앱을 만드는데 최소 1년의 시간과 1억 원의 비용이 드는데 그렇게 앱을 만들고 실제 론칭했을 때 만약 고객의 수요가 없다면 그것은 실패가 아닌 망함에 가까운 것이기 때문이다.

대신에 PPT를 이용해서 동일한 기능을 구현하라고 조언했다. PPT로도 충분히 배경을 선택하고, 캐릭터를 고르고, 말풍선을 배치해서 내용을 채우는 기능을 구현할 수 있기 때문이다. 그리고 PPT로 포장지를 만든 후 직접 해당 교육 과정을 학부모와 아이들에게 미리 팔아보기 해볼 것을 권유했다. 아이들 대상의 온라인 교육 서비스인 '자란다'나 '꾸그'를 이용해서 교육 상품을 학부모에게 판매해보고 실제 교육까지 진행해보면 '동화 창작 교육에 아이들과 학부모가 만족해서 결제할 것이다'라는 가설을 충분히 검증할 수 있을 것이기 때문이다. 검증이 되면 그때 앱을 개발해도 전혀 늦지 않다. 이처럼 앱 비즈니스 또한 충분히 미리 팔아보기를 통해서 사전에 고객의 수요를 검증하는 것이 가능하다.

인공지능 기반의 기술 사업을 하는 경우는 어떨까? 앞서 리멤버 사례도 인공지능 기술 기반의 사업이지만, 미리 팔아보기를 이용해 고객의 수요를 확인 후 본격적인 연구 개발을 진행했다는 것을 알 수 있다.

예를 들어 인공지능 비서 앱 서비스를 기획했다고 가정해보자. 내가 궁금한 것을 채팅으로 물어보면 무엇이든지 답변해주는 말 그대로 비서 서비스다.

이 서비스 또한 미리 팔아보기가 가능하다. 처음부터 완벽한 인공지능 기술을 구현해서 서비스하는 것이 아니라, 시작은 직접 사람이 응대해서 마치 인공지능인 것처럼 고객에게 비서 서비스를 제공하면 된다. 처음에는 직접 사람이 비서 역할을 하면서 실제로 비서 서비스에 대해 고객이 만족하고 결제까지 하는가를 먼저 검증한다면 쓸데없이 연구 개발을 할 일은 없을 것이다.

제품을 샘플로 팔아보기

하드웨어 제품의 경우도 미리 팔아보기가 가능하다. 만약 특별한 기능을 지닌 로봇 청소기를 만들고자 한다면, 앞서 이야기했듯이 와디즈를 이용하면 된다. 물론 와디즈를 이용하더라도 제품의 프로토타입 정도는 개발이 되어 있어야 한다. 그래도 완제품을 만들고 최소 주문 수량에 맞춰 공장에 초도 물량을 생산한 이후에 팔아보는 것보다는 최소 1/10 수준의 정도의 자원으로도 고객의 수요를 확실하게 확인할 수 있을 것이다.

요식업에서도 미리 팔아보기는 가능하다. 어떤 요리를 메인으로 하는 음식점을 차릴 계획을 가지고 있다면, 2가지 방법이 있다. 공유 주방을 단기적으로 임대해서 밀키트로 만들어 주변 지인 또는 동네 사람들(지역 맘카페, 당근마켓 채널 등)에게 먼저 팔아보는 것이다.

두 번째는 배달만 가능한 아주 작은 매장을 임대해서 매장 구축에 대한 리스크를 최소화하여 배달 창업부터 시작해보는 것이다. 마찬가지로 밀키트가 잘 팔리는지, 배달 주문이 많은지를 먼저 확인하고 실제 고객들이 요리에 대한 만족도가 높다고 판단되면 그때 본격적으로 음식점을 차려도 늦지 않다.

렌탈 스튜디오 사업

렌탈 스튜디오 사업은 미리 팔아보기가 가능할까? 공간을 상품화해야 하는 사업은 미리 팔아보기 적용에 한계가 있다. 하지만 내가 창업한 사례를 보면 이 또한 공식을 이용해 충분히 리스크를 최소화해서 렌탈 스튜디오 사업을 할 수 있다고 여기게 될 것이다.

난 현재 신사역 근처에 위치한 오즈스페이스라는 렌탈 스튜디오를 운영하고 있다. 단순히 렌탈 스튜디오 운영에 대한 호기심으로 시작해서 최대한 리스크 없이 렌탈 스튜디오를 창업할 방법을 계속 고민했다. 하지만 아무리 생각해도 공간을 대여해주는 사업에서 리스크 없이 미리 팔아보기를 해볼 수 있는 방법은 없었다. 어쨌든 공간이 있어야 했고 그럴듯한 인테리어가 되어 있어야만 고객의 수요를 확인할 수 있기 때문이다. 난 리스크 없이 할 수 있는 방법이 없다면 절대 사업을 시작하지 않기 때문에 결국 렌탈 스튜디오는 하지 못하겠다고 생각했고, 아쉬운 마음에 매일같이 사업장을 판매하는 네이버 카페에 들어가서 렌탈 스튜디오 매물들을 검색해봤다.

그리고 어느 날 네이버 카페에 올라온 오즈스페이스라는 렌탈 스튜디오 매물이 눈에 들어왔다. 스튜디오 디자인 자체가 굉장히 독특했고, 심지어 많은 연예인들이 촬영을 왔던 곳이라는 소개에 더 관심을 가지게 되었다. 바로 매도인에게 전화를 했고 실제 매출 현황 등을 물었다. 월세가 250만 원 정도인데 현재 매출이 거의 월세 정도로 나오고 있다는 것을 직접 계좌내역을 캡처해서 보내주셨다. 매도인은 크게 수익이 없어 매각하려는 듯 보였다.

전화를 끊고 인터넷상에서 오즈스페이스의 마케팅 현황을 조금 살펴보자마자 나는 매물을 직접 보지도 않고 계약하겠다고 이야기하고 계약금을 입금했다. 그 당시 대전에 있는 상황이라서 매물을 직접 볼 수 없는 상황이기도 했고, 대신 서울에 있는 직원분께 렌탈 스튜디오에 가서 답사하도록 요청해서 공간 상태는 크게 문제없다는 것을 확인하고 바로 계약을 결정한 것이었다.

그 다음 날 서울에 가서 계약서 작성과 보증금 2000만 원, 권리금 3000만 원에 해당하는 비용을 지불하고 본격적으로 스튜디오를 운영한지 한 달이 채 되지 않아 매출이 3배가 올라 월 700~800만 원 정도가 되었다. 무인 운영이기 때문에 한 달에 500만 원 정도의 순수익을 내는 사업이 된 것이다. 운영한 지 6개월 만에 권리금으로 지불했던 모든 비용을 회수했고, 그 이후에는 꾸준히 수익을 내면서 운영되고 있다.

난 이 렌탈 스튜디오 사례도 미리 팔아보기 이론이 적용된 사례라고 생각한다. 내가 스튜디오 인수를 결정한 결정적인 이유는 마케팅 상태에 있었다. 렌탈 스튜디오는 기본적으로 '스페이스 클라우드', '아워플레이스', '로케이션 뱅크' 같은 서비스에서 홍보가 이뤄지고 그곳에서 가장 많은 예약이 발생한다.

하지만 오즈스페이스는 위에 언급한 3개 플랫폼 어디에도 홍보되고 있지 않았다. 오로지 네이버로만 홍보가 되고 있었는데, 그것마저도 상위 노출 최적화나 기본적인 마케팅 세팅 등이 되어 있지 않았다. 결정적으로 누구나 알 만한 연예인이 촬영한 사례가 5건 넘게 있고 촬영한 유튜브 링크까지 있었는데 그 촬영 사례들이 사이트에 전혀 반영되어 있지 않았다. 렌탈 스튜디오 상품의 가치를 가장 잘 보여줄 수 있는 핵심 무기를 사용하지 않고 있는 것과 같았다.

마케팅 현황을 보고 마케팅을 아주 조금만 개선해도 매출이 최소 2~3배 이상 올라갈 것이라는 확신이 있었다. 이 정도로 마케팅을 제대로 하지 않았는데도 월세를 충당하는 매출이 나온다면 마케팅을 조금만 더 디테일하게 해도 매출이 금세 오를 것이라는 99%의 확신이 든 것이다.

이 렌탈 스튜디오는 내가 직접 미리 팔아보기를 한 것이 아닌 기존 매도인이 나 대신에 이 스튜디오에 대한 미리 팔아보기를 대신 해준 사례라고 볼 수 있다. 매도인이 직접 인테리어를 해서 해당 스튜디오를 미리 팔아보기를 해 월 250만 원 정도 매출이 나올 만큼의 고객 수요가 있다는 것을 확인해준 상태였기 때문에 여기서 마케팅에 조금 더 힘을 실어 주면 리스크 없이 매출을 상승시킬 수 있다는 확신이 선 것이다.

난 이 렌탈 스튜디오 창업 또한 창업 필승 공식이 일부 적용되었다고 해석한다. 내가 아닌 타인이 미리 팔아보기를 대신 해줌으로써 내가 처음 인테리어를 하고 사업장을 임대했을 때 가져야 할 리스크를 매우 낮춰줄 수 있었던 것이다. 물론 어느 정도 자신의 사업적 감각과 마케팅 역량에 대한 확신이 있어야 하겠지만, 여기에서 말하고자 하는 바는 이런 렌탈 스튜디오까지도 리스크를 최소화하여 창업을 할 수 있다는 것이다.

창업 필승 공식은 고객 수요 확인까지 진행하는 데에 리스크를 최소화하는 것에 목적이 있다. 지금까지 여러분이 알던 창업 방식은 리스크를 무조건 감수해서 완제품을 만든 다음에야 고객 수요 확인을 하는 것이었다. 그렇기 때문에 항상 창업은 위험하고 망함을 감수해야 하는 것이라고 인지했을 것이다.

하지만 앞선 여러 사례들을 보면 알듯이 창업은 꼭 위험과 망함을 감수해야만 하는 것이 아니다. 누구나 리스크 없게 미리 팔아보기를 통해 고객 수요를 먼저 확인할 수 있고, 고객 수요를 확인한 후 접거나 확장하거나를 결정할 수 있다.

아마 여러분이 기존에 가지고 있던 창업에 대한 강력한 편견들이 점차 무너지고 있을 것이다. 하지만 이제 시작에 불과하다. 앞으로 이야기는 여러분들에게 편견을 깨는 것을 넘어 아직도 스스로 창업하지 않은 것을 후회하게 만들 것이다.

05 미리 팔아보기의 함정

   미리 팔아보기에는 몇 가지 함정들이 있다. 나는 수십 번의 창업 과정에서 스스로 이런 함정에 빠지기도 했고, 수천 명의 창업가들을 교육하면서 그들이 반복적으로 이런 함정에 빠지는 것을 목격하기도 했다. 그래서 이 함정들을 미리 알고 있는 것만으로도 수많은 시행착오를 줄일 수 있게 될 것이다.

비효율의 함정

   첫 번째 함정은 미리 팔아보기에는 엄청난 비효율이 발생한다는 것이다. 앞서 내가 창업했던 사례를 보면 알 수 있듯이 미리 팔아보기 과정은 결코 우아하고 고상한 과정이 아니다. 한강에피크닉을 미리 팔아보기 해볼 당시, 5개 남짓의 캠핑용품을 집에 구비해놓고 예약이 들어오면 차로 운전해서 직접 배달해주는 배달 기사 역할까지 직접 수행했다. 그뿐만 아니라 캠핑용품을 반납 받으면 직접 텐트와 돗자리를 닦고 세척하고, 사업장을 차린 뒤에도 한동안은 이런 허드렛일을 나와 함께 창업한 여자친구가 직접해야 했다.

사실대로 고하자면 난 그 당시 대전에서 학원을 운영하고 있었기 때문에 많은 시간을 투자하지 못했다. 그 대신 당시 직장인이던 여자친구는 6시에 칼퇴근해서 캠핑용품을 세척하고 닦는 과정을 밤 10시 넘게까지 하면서 주 5일을 보냈고, 주말마저도 캠핑용품을 관리하고 고객에게 대여해주는 일을 해야 했다. 이후에 매출이 대폭 증가하고 난 이후부터는 아르바이트생이 이런 역할을 대신했지만 그전까지는 말 그대로 중노동에 가까운 일을 해야했다.

코딩 학원을 미리 팔아보기할 때도 직접 전단지를 돌리기 위해 아파트에 오르내리며 전단지를 붙이기도 하고, 스터디룸을 매번 빌려서 아이들 한 명 한 명을 직접 케어하기도 했다. 한 학부모님이 아이들과 게임방에 가서 놀아 달라는 요청을 하셨을 때는 아이들과 함께 놀아주기도 했다. 심지어 처음 학원을 시작할 때 월세 100만 원도 안 되는 작은 공간을 임대해 직접 인테리어 개선

작업과 청소를 하느라고 5일 밤낮을 새기도 했다.

라이프해킹스쿨을 창업한 초기에는 많은 강의를 론칭해야 하는데, 강사들을 구하기가 힘들어 마치 영업자가 된 것처럼 세일즈를 하기도 했다. 수많은 전문가와 인플루언서에게 아웃바운드 메일을 보내고 그중 몇 안 되는 답변을 받으면 직접 달려가서 우리 사이트에서 강의를 만들어 달라고 애원 아닌 애원을 해야 했다.

그중에는 보잘 것 없는 사이트를 가진 우리보다 자신이 우위의 위치라고 생각하고 갑질을 하는 이들도 많았기에 그들의 하대를 온전히 감수해야 했다. 이외에도 내가 창업하는 데에 경험한 수많은 비효율의 과정과 남들이 보기에 없어 보이고 하찮아 보이는 일들을 나열하자면 하룻밤을 새울 수 있을 정도로 끝이 없다.

사람들은 창업으로 성공한 사람들의 현재 모습만 보며 선망한다. 또는 시작부터 일하지 않고도 돈이 자동으로 벌리는 패시브인컴(passive income)을 만들 수는 없냐고 이야기한다. 창업에 성공한 이들이 일하지 않아도 돈이 계속 벌리고 좋은 차와 좋은 집에 우아하고 고상하게 살고 있는 모습만 떠올리며, 그들의 창업 시작 과정 또한 우아하고 고상했을 거라고 단단히 착각한다.

그리고는 자신이 현재 시간당 하는 노동이 비효율적이지만 강도는 매우 세고, 남들이 하찮게 여기는 허드렛일을 할 때면 자신의 방식이 틀렸다는 의심을 하게 된다. 이런 비효율적이고 멋없는 과정이 창업의 과정일 리 없다는 착각을 하는 것이다.

하지만 여러분이 아는 엄청나게 성공한 CEO들도 모두 이런 비효율의 과정을 거쳤다. 배달의민족을 매각해 엄청난 부자 반열에 오른 김봉진 의장도 처음 앱을 론칭했을 때 매장 정보를 앱에 기입하기 위해서 모든 골목을 돌아다니며 직접 전단지들을 수거해 왔다. 그리고 수거한 전단지의 음식점, 메뉴 정보들을 직접 다 타이핑해서 앱에 데이터로 만드는 비효율적이고 고된 작업을 해야 했다.

국민 앱이 된 당근마켓도 초기 모습은 판교장터 앱이었다. 그래서 당근마켓의 창업자들은 판교에 사는 사람들이 판교장터 앱에 들어와서 중고거래를 하도록 유도하기 위해 다양한 활동들을 했다. 본인을 포함한 주변 사람들에게 부탁해 집에 있는 모든 중고로 팔 만한 것들을 올려서 최소한의 중고 물품이 있는 것처럼 꾸며 놓기도 했으며, 직접 판교를 휘젓고 다니며 전단지를 뿌리거나 입간판을 세워 두고 이벤트를 하는 등의 어쩌면 굉장히 비효율적이고 하찮아 보이는 일들을 했던 것이다.

글로벌 서비스인 에어비엔비의 초기 창업 과정도 크게 다르지 않았다. 에어비엔비 초기 창업자들은 다른 임대 커뮤니티 사이트에 임대를 내놓은 집주인들에게 일일이 전화를 걸어 아웃바운드 영업을 했다. 임대를 내놓을 게 아니라 에어비엔비로 수익화를 해보라는 제안을 한 것이다. 또한 초기에는 창업자들이 직접 뉴욕에 있는 집들에 방문해 사진을 더 예쁘게 찍어주고 그 사진들을 에어비엔비에 올리는 일을 하기도 했다. 지금은 멋있고 성공한 창업가들이 창업 초기에는 얼마나 하찮고 비효율적인 일들을 했는지를 나열하자면 한도 끝도 없이 나열할 수 있다.

내 주변에 있는 음식점 사장님들도 업무 시간에는 한없이 서비스 마인드와 을의 입장에 설 준비가 되어 있는 사람이다가도 집에 갈 땐 마세라티 차를 타고 한강뷰가 보이는 집에 가서 잠을 잔다.

또 한 번은 지금의 아내에게 프로포즈를 하기 위해 프로포즈 대행 업체를 이용한 적이 있다. 당일 프로포즈 장소에 대행업체에서 1층에 도착했다는 전화를 받고 주차장으로 내려갔더니 포르쉐가 앞에 와서 멈춰 섰다. 아마 대행업체 사장이었을 것이다. 주차를 하고는 포르쉐의 보닛을 열어 풍선과 촛불 등을 꺼내 주는데, 그 모습이 굉장히 이질적이면서도 창업 과정의 현실을 보여주는 것과 같았다.

'창업 필승 공식'에서 미리 팔아보기를 하는 이유는 순전히 리스크를 줄이기 위함이다. 우리는 금전적 손실을 최대한 줄이기 위해 미리 팔아보기를 하는 것이다. 그 대가로 비효율적이고 하찮아 보이는 일을 반드시 해야 한다.

만약 여러분들이 이런 비효율을 굳이 감수하지 않아도 될 정도의 이미 많은 부를 이룬 상황이라면 결코 미리 팔아보기 방식을 고수할 이유가 없다. 시작부터 많은 돈을 써서 제품을 만들고, 막대한 마케팅 비용을 써서 고객을 유입시키면 될 일이다. 실제로 많은 자산을 가진 대기업이 신사업을 하는 방식이나, 시작부터 막대한 투자를 받은 스타트업들이 하는 방식이 이러하다.

그래서 비효율의 함정에 빠져 포기하지 않으려면 이런 비효율적이고 하찮아 보이는 일을 언제든 해내겠다는 단단한 각오가 필요하다. 그렇다고 지속해서 이런 비효율을 안고 가야 한다는 것이 아니다.

사업이 정착되고 위임할 수 있을 만큼의 자본이 구축되면 그때부터는 어느 정도 고상하고 우아하며 효율적인 사업 운영이 가능하다. 나 또한 지금은 대부분의 사업들을 실력 있는 팀원들에게 위임하여 운영하고 있으며 그에 따라 이렇게 책을 쓸 정도의 시간도 만들어진 것이다. 비효율의 과정은 결코 잘못된 과정이 아니라 필수적인 과정이고, 성공한 모든 이들의 시작이 내 지금의 모습과 크게 다르지 않았을 것이라는 점을 알아두자.

데이터의 함정

두 번째 함정은 미리 팔아보기를 통해 얻은 데이터에 대한 함정이다. 여기서 말한 데이터란 고객의 반응을 의미한다. 결제하는 반응, 개인 정보를 입력하는 반응, 좋아요를 누르는 반응, 오픈카톡방에 들어오는 반응 등이 바로 데이터다.

미리 팔아보기를 많은 창업가들에게 교육하고 전파할 때, 그중 다수 사람들이 빠진 함정이 바로 데이터의 함정이었다. 그들이 실수하는 것은 유효한 데이터가 무엇인지 정확히 인지하지 못한다는 것이었다. 그들은 미리 팔아보기를 하면서 많은 고객이 내 상품 소개 게시글에 많은 좋아요를 눌렀거나, 자신이 만든 오픈 카톡방에 많은 사람들이 들어온 것을 가설에 대해 확신할 수 있는 데이터라고 착각하기도 한다.

물론 좋아요를 누르고, 오픈카톡방에 입장하는 등의 고객 반응도 아주 의미 없는 데이터는 아닐 것이다. 하지만 내 가설에 대해 확신을 할 수 있을 정도의 유의미한 데이터가 아니라는 것은 확실하다.

우리는 고객에게 무언가에 대해 제안했을 때 무조건 비용 지불을 요구해야 한다. 이 비용 지불이라는 것은 단순히 돈에 국한되지 않는다. 고객의 휴대폰 번호를 지불하게 할 수도 있고, 고객의 이메일 정보를 지불하게 할 수도 있다. 또는 고객의 시간 투자와 행동을 비용으로 지불하게 할 수도 있다.

이중 고객이 진짜 내가 판매하려는 상품 또는 나의 제안에 대해 수요가 있다고 확신할 수 있는 유일한 데이터는 '최소한 돈'을 지불하거나 휴대폰 번호, 이메일 등의 '개인 정보'를 지불하는 것이다. 그 외에 좋아요를 눌렀거나 오픈카톡방을 들어온 것 등 시간과 행동을 지불하는 경우에는 아주 나쁘지 않았다 정도의 참고 사항이 될 수는 있지만, 그것이 본격적으로 고객에게 돈을 내라고 요구했을 때 실제 돈을 낸다는 것을 의미하는 건 절대 아니다.

사실 굳이 따지자면 고객이 개인 정보를 지불하는 것도 좋은 데이터지만 단돈 1000원이라도 실제 돈을 지불하게 하는 데이터야말로 고객의 수요를 99% 확신할 수 있게 하는 데이터이다. 그래서 난 미리 팔아보기를 하는 모든 창업가들에게 최선책으로 돈을 결제까지 하는가를 보라고 이야기한다. 또는 사전 예약 등을 통해 구매 의사가 명확하다는 것을 전제한 고객 개인 정보라도 얻으라고 이야기를 한다.

미리 팔아보기를 할 때는 무조건 고객에게 돈 또는 개인 정보를 지불하는 데이터를 얻어내야 하며, 그 데이터들을 많이 얻었을 때 비로소 미리 팔아보기가 잘되었다고 판단할 수 있는 것이다.

중복검증의 함정

데이터의 함정만큼이나 많이 빠지는 함정이 중복검증의 함정이다. 중복검증은 말 그대로 이미 검증된 가설을 중복해서 검증을 하는 경우다.

예를 들어 블로그 마케팅 대행 사업을 진행한다고 가정해보자. 이런 사업을 한다고 하면 대부분의 창업가들은 '블로그 마케팅 대행 서비스를 제공하면 고객이 결제할 것이다'라는 가설을 세운다.

그런데 이런 가설 설정은 의미가 없다. 이미 세상에는 블로그 마케팅 대행 일을 해주고 돈을 벌고 있는 많은 마케팅 대행사들이 있기 때문이다. 블로그 마케팅 대행 시장은 이전부터 있어 왔고 이미 많은 기업들이 블로그 마케팅 대행사에 돈을 쓰고 있다. 이 가설은 굳이 내가 직접 실험하지 않아도 검증된 가설이라는 것이다. 이미 검증된 가설을 또다시 검증할 필요가 전혀 없다.

이런 경우 창업가가 세워야 하는 가설은 '기존 대행 업체와는 다른 ○○방식의 블로그 대행을 해주면 고객이 결제할 것이다'이다. 여기서 이야기하는 ○○방식이라는 것은 기존 대행 업체들과 차별화될 수 있는 무언가를 의미한다.

'매출이 늘지 않을 경우 광고비를 100% 환불해준다고 약속하면, 고객이 우리 마케팅 대행 상품에 결제할 것이다.'

'블로그 탭에 항상 5위 안에 노출시켜주겠다고 약속하면, 고객이 우리 마케팅 대행 상품을 결제할 것이다.'

앞의 예시처럼 우리만의 차별화에 고객이 후킹되느냐를 보는 것이다.

또 다른 예로 도매, 위탁판매를 하는 경우가 중복검증의 함정에 빠지기 가장 쉽다. 이들이 판매하려는 상품은 이미 다른 곳에서 잘 판매되고 있는 상품일 가능성이 높을 것이다. 그런데 이런 경우에도 창업가들은 '위탁으로 받은 상품을 온라인몰에서 판매하면 팔릴 것이다' 같은 형태의 가설을 수립한다.

이들이 수립해야 하는 가설은 상품 자체의 수요를 검증하기 위한 가설이 아니라 자신의 세일즈, 마케팅 방법에 대한 가설이여야 한다. '다른 스토어들과는 다른 방식으로 키 메시지를 쓰고, 다른 스토어들이 홍보하지 않는 나만 아는 ○○채널에 홍보하면 고객들이 결제를 할 것이다'라는 가설 수립이 필요한 것이다.

이처럼 가설을 수립하고 진행할 때 중복검증의 함정에 빠진 것은 아닌가에 대해 여러 번 검토해봐야 한다. 이미 검증된 가설을 세워서는 안 된다. 누군가 이미 검증해놓은 가설이라면 자신의 세일즈, 마케팅 역량에 대한 가설을 검증해야 하는 것이다. '이 상품을 나 말고도 많은 사람이 파는데, 나는 그들과 '다른 방식'으로 이 상품을 더 잘 마케팅해서 판매할 수 있을 것이다'라는 가설을 검증하면 된다. 당연히 여기에서는 '다른 방식'에 대한 전략이 있어야 가능할 것이다.

통제변인의 함정

통제변인은 실험에 영향을 미쳐서는 안 되는 다양한 변인들을 동일한 조건으로 통제하는 것을 의미한다. 예를 들어 실제 실험실에서 실험을 할 때 A와 B용액을 섞었을 때 나오는 반응과 A와 C용액을 섞었을 때 나오는 반응을 비교한다고 가정해보자. 그런 경우 B와 C라는 차이 외에 다른 변인들은 실험에 절대 영향을 미쳐서는 안 된다. A와 B용액을 섞을 때는 30도의 온도에서 했다가 A와 C용액을 섞을 때는 10도에서 실험한다면 그것은 잘못된 실험이다. 온도가 실험 결과에 영향을 미칠 수 있기 때문이다. 그래서 통제변인인 온도를 동일한 환경으로 유지해야 한다.

미리 팔아보기를 진행하다 보면 당연히 고객이 어떤 것도 지불하지 않는 상황에 마주하는 경우가 많다. 고객의 수요를 확인할 수 있는 어떤 데이터도 얻지 못했다는 의미이다. 그런 상황에서 많은 창업가들은 방황한다. 그리고는 좀 더 개선해서 다시 실험해봐야 하는지 아니면 이것을 접고 다른 것을 해봐야 하는지를 묻는다.

우리가 미리 팔아보기라는 실험을 할 때는 굉장히 다양한 변수가 실험에 영향을 미친다. 예를 들어 내가 코딩 학원 사업을 설명회를 통해 미리 팔아보기 했을 때를 떠올려보자. 여기서 검증하고자 하는 바는 '대전 학부모들에게 대치동의 코딩 커리큘럼에 대한 교육 수요가 있는가'라는 가설이었다. 그래서 이 가설만 정확하게 실험하기 위해서는 다양한 변수들을 통제해야 한다. 그것을 통제변인이라고 한다.

만약 설명회에서 내가 학부모들을 대상으로 이야기할 때 말을 더듬고 옷도 후줄근하게 입고 가서 딱히 교육자의 면모도 보이지 못했다고 가정해보자. 만약 그런 모습으로 총 5회의 설명회를 끝내고 실제 학부모에게 그룹 과외 제안을 했을 때 아무도 결제하지 않았다면, 그때 나는 '대치동의 코딩 커리큘럼에 대전 학부모들의 교육 수요가 없구나'라고 오해할 가능성이 있다. 실제로는 나의 말을 더듬는 모습과 후줄근한 옷, 그리고 교육자스럽지 않는 면모 때문에 결제를 하지 않았을 수도 있는데 말이다.

이처럼 실험 결과에 영향을 미칠 수 있는 통제변인을 최대한 제어하는 것은 매우 중요하다. 예를 들어 한강에피크닉에서 검증하려고 했던 가설은 '캠핑용품에 대한 온라인 예약 수요가 있는가'였다. 그런데 만약 사이트를 이상하게 만들었다면 결과가 어땠을까? 캠핑용품 사진도 젊은 친구들이 좋아할 만한 감성샷과는 전혀 거리가 먼 구도의 사진이 올라가 있고, 실제 용품 대여를 예약할 수 있는 사이트인지 알기도 어렵게 해두었다면 예약이 발생하지 않았을 수도 있다. 그러면 마찬가지로 '온라인 예약에 대한 수요가 없구나'라고 오해할 가능성이 생기는 것이다. 이처럼 우리가 검증하려는 것 외의 변수들이 실험 결과에 지대한 영향을 미칠 수 있다는 것을 의미한다.

대부분의 창업가들이 미리 팔아보기를 한 후 유의미한 데이터를 얻지 못했다고 이야기해서 실제 그 과정을 들어보면, 검증하려는 가설 외의 통제변인들을 제대로 제어하지 못해서 유의미한 결과를 얻지 못한 경우가 매우 많았다. 통제변인들을 제어한다는 의미는 검증하려는 가설 외의 실험에 영향을 미칠 수 있는 다양한 변수들을 최소한 평균 정도의 퀄리티로 만들어야 한다는 것을 의미한다.

코딩 학원 설명회를 하기 전에 미리 수십 번의 연습을 해서 설명회 때는 유려하게 말하는 실력을 보여주는 것도 통제변인을 제어하는 것이며, 최소한 교육자로 보이도록 깔끔한 옷을 입고 머리를 다듬는 일도 통제변인을 제어하는 일이다.

한강에피크닉 온라인 수요를 확인해보기 위해 만든 사이트도 최소한 다른 경쟁 업체들만큼은 세트 구성을 만들고, 사진도 최소한의 감성을 보여줄 정도의 퀄리티는 되어야 하며, 고객이 느낄 때 뛰어나진 않더라도 여느 평범한 사이트보다 크게 뒤처지지 않는 사이트 디자인과 구성이 갖춰져야 하는 것이다.

그래서 대부분의 창업가는 통제변인의 함정에 빠져서 실제 검증하려 하는 가설을 제대로 검증하지 못했다는 사실을 끝내 알지도 못한 채 '수요가 없다'는 판단 오류를 가지고 실험을 접게 된다. 만약 여러분들이 실험을 하다가 유의미한 데이터를 얻지 못했다면, 실험 결과에 영향을 미칠 만한 다른 변수가 없었는가에 대해서 가장 먼저 탐색을 해봐야 한다.

'마케팅을 한 채널에 내가 원하는 고객이 없었던 건 아닐까?'

'후킹 카피가 고객에게 크게 와닿지 않았던 걸까?'

'디자인이 너무 투박하고 올드해서 바로 이탈이 일어난 건 아닐까?'

'고객이 결제하기까지의 과정이 너무 복잡해서 이탈한 건 아닐까?'

디자인적인 요소, 카피라이팅 요소, 퍼널 구성 요소 등 실험에 영향을 미칠 수 있는 모든 것들을 상세하게 점검해야 한다.

고객이 실제 상품을 인지하고 구매 전환까지 이어지는 모든 과정에 대해 꼼꼼히 검토해보면서 제어하지 못한 통제변인이 있었는지를 탐색해봐야 한다. 그리고 만약 개선할 여지가 있다면 개선해보고 다시 한번 실험 사이클을 돌려보면 되는 것이다.

하지만 실제 이런 과정을 직접 진행하다 보면 자기 자신이 만든 어떤 것에 대해 객관적인 시선으로 분석하지 못하는 경우들이 많다. 또는 '내가 보기엔 진짜 객관적으로도 괜찮은데……'라고 느끼지만 애초에 그러한 감각 자체가 떨어지는 경우도 많다.

그래서 나는 항상 창업가들에게, 내가 하고자 하는 사업과 매우 유사한 사업에서 이미 하고 있고 잘하고 있는 경쟁 상품, 사이트, 서비스를 퀄리티 기준으로 삼으라고 이야기한다. 그리고 사이트를 예로 들면 법적 문제가 되지 않는 선에서는 레이아웃 구성, 컬러 배치 심지어는 폰트 크기까지도 최대한 유사하게 벤치마킹해 만들어 내는 것이 최소한의 퀄리티를 보장하는 것이라고 설명한다. 만약 내가 하려는 것과 같은 분야의 경쟁사 것을 벤치마킹하는 것이 꺼려진다면, 분야는 다르지만 퀄리티가 나쁘지 않은 다른 사이트를 벤치마킹해서 유사하게 만드는 것도 유용한 방법 중 하나다.

그 과정을 통해 자신의 것과 경쟁사의 것을 여러 번 반복해서 비교해 보고도 객관적으로 자신의 것의 퀄리티가 낮지 않고 최소한 평균 이상이라고 판단이 되면, 어느 정도 기본 요건은 갖추었다는 것을 의미한다.

실험 결과에 대한 기대값 설정하기

여러 통제변인을 개선해보고 몇 번의 실험 과정을 거쳤는데도 애매하게 이도저도 아닌 결과가 나왔을 때에는 실험을 계속해야 할지 멈춰야 하는지에 대해 또다시 고민에 빠지게 될 수 있다. 사실 이 기준은 본인의 결과에 대한 기대값이 가장 중요하다. 전문적으로는 투자 대비의 수익률을 기준으로 삼을 수도 있겠지만, 모든 사업이 그렇듯 초기에 투자 대비 높은 수익률을 만드는 게 가능할 리 없다. 그래서 이 실험의 결과에 대한 나의 기대값이 이 실험을 지속할 것인가 또는 멈출 것인가에 대한 가장 중요한 기준이 되는 것이다.

지금까지 실험에서 성공한 사례만 이야기했지만, 나 또한 실패한 사례가 있다. 난 노량진에서 떡볶이와 치킨을 함께 파는 작은 가맹점을 하나 했었다. 이해하기 어려울 수 있지만 이것 또한 렌탈 스튜디오를 창업했던 것처럼 순전히 요식업에 대한 호기심 때문이었다.

이 사업을 할 때 나는 이미 여러 사업들을 운영하면서 여유 있는 소득을 달성한 상태였기 때문에 창업 공식을 따르지 않았고 시작부터 가맹비, 임대비, 인테리어비까지 써서 리스크 있는 창업을 했다. 요식업을 경험하는 것에 비용을 지불한다는 마인드로 시작했던 것이다.

처음 6개월 정도를 운영하고 아주 작은 매장에서 점장을 고용해 월 1800만 원 가까이 매출을 만들었다. 그리고 적절하게 요식업에 대한 경험치를 다 얻었다고 판단했을 때, 운이 좋게도 코로나가 터지기 한 달 전에 매장을 매각할 수 있었다.

이 요식업 자체가 실패한 것은 아니었지만, 당시 함께 진행했던 노량진 쿠폰 기반 커뮤니티는 실패했다. 노량진에서 매장을 운영하며 홍보할 수 있는 채널을 계속해서 찾고 있었는데 생각보다 노량진 사람들만 모여 있는 커뮤니티가 없었다. 그래서 노량진에 사는 사람들을 타깃으로 해서 매장을 홍보하고자 했던 내 계획은 무산되었다. 그때 내가 직접 노량진 사람들만 모여 있는 커뮤니티를 만들면 어떨까라는 생각을 하고 하나의 가설을 세우게 되었다.

'노량진에 있는 음식점의 할인 쿠폰을 무료로 발행해주면 노량진에서 공부 중인 학생들이 유입되서 쿠폰을 많이 활용할 것이고, 결과적으로 쿠폰 때문에 많이 유입됐을 때 커뮤니티 기능을 제공하면 활성화가 되지 않을까?'라는 가설이었다.

쉽게 정리하면 처음 실험하려 했던 가설은 2가지다.

1. 음식점 점주는 추가적인 고객을 모객할 수 있다면 할인 쿠폰을 발행할 것이다.
2. 노량진 학생들에게 음식점 할인 쿠폰을 무료로 제공하면 많이 사용할 것이다.

그래서 가장 먼저 노량진에 있는 음식점에 직접 방문해서 영업하기 시작했다. 처음에는 들어가자마자 "혹시 잠시 이야기 가능하실까요?"라고 말을 건네니 모두가 나를 잡상인 취급하며 손을 절레절레 흔들며 쫓아냈다.

그래서 전략을 변경했다. 다음부터는 음식점에 들어갈 때 "옆에 있는 학원에 다니는 학생인데요, 과제 때문인데 잠깐 인터뷰 가능할까요?"라고 말을 꺼내니 일단 자리에 앉아 이야기를 시작할 수 있었다. 식당의 잠재적 고객으로 위장하는 전략을 썼던 것이다. 물론 대화가 끝날 때 내 정체를 밝혔다.

그리고 학생들을 위한 쿠폰을 발행하는 것이 매장 입장에서도 결과적으로 많은 고객을 끌어와서 매출 향상에 큰 도움이 될 거라는 논리로 쿠폰 발행을 설득했고, 일단 이야기를 시작하고 나니 쿠폰 발행을 설득하는 것 자체는 크게 어렵지 않았다. 그렇게 10개 정도의 음식점 쿠폰 발행을 약속받고 난 이후에 본격적으로 학생들에게 쿠폰을 제공하기 위해 아주 간단한 원페이지 사이트를 하루 만에 만들어서 모든 쿠폰을 볼 수 있고, 발급받을 수 있는 기능을 만들었다.

그 후에는 노량진 학생들도 많은 비율로 들어가 있는 오픈 카톡방과 네이버 카페에 들어가서 쿠폰 사이트를 홍보하기 시작했다. 내가 여기서 기대했던 것은 2주 정도 홍보했을 때 20명 이상의 노량진 학생이 쿠폰을 쓰고, 최소 주 1회 이상은 쿠폰을 사용해서 음식점을 이용하는 것이었다. 경제적으로 여유 있지 않은 학생들이기 때문에 쿠폰 발행을 하면 매우 강력하게 열광할 것이라고 기대했던 것이다. 하지만 2주간 온라인상에서 홍보를 열심히 했음에도 총 2건 정도의 쿠폰 사용이 발생했다.

노량진 쿠폰 모아

나는 이런 고객의 반응을 보고 이 실험을 바로 종료했다. 이 이야기를 창업가들에게 들려주면 가장 많이 하는 질문은 그래도 2개 정도 데이터가 얻어졌는데, 앞서 이야기했던 통제변인을 좀 더 개선해보고 몇 번의 실험을 더 하지 않고 왜 실험을 바로 접었느냐 하는 것이다.

그들의 말대로 내가 좀 더 통제변인을 개선하고 추가적인 실험을 했다면 더 나아진 데이터를 얻었을 수도 있다. 하지만 중요한 것은 학생들의 반응이 나의 기대값에 한참 못 미쳤다는 것이다. 실험 결과에 영향을 줄 수 있는 여러 변수들의 영향력보다 학생들에게 제공되는 쿠폰의 가치가 매우 강력하다고 생각했고, 그래서 학생들의 열렬한 반응을 기대했던 것인데 그 기대에 한참 못 미쳤던 것이다. 이 정도의 작은 반응만으로는 더 이상 내 자원을 투자하는 것이 아깝다고 느꼈고 그래서 실험을 실패로 종료한 것이다.

이처럼 결국 실험을 지속하냐 안 하냐의 문제는 스스로의 기대값에 달려 있다. 그래서 실험을 하기 전에 어느 정도의 고객 반응을 기대하는지 수치적으로 명시해놓을 필요가 있다.

기대값은 홍보 채널의 크기에 따라 달라져야 한다. 10만 명이 있는 카페에 홍보를 했을 때의 기대값과 1000명이 있는 카페에 홍보를 했을 때의 기대값은 같을 수 없기 때문이다. 미리 홍보 채널에 따라 '○○명 정도의 고객이 구매를 할 것 같다' 등의 기대값을 정해놓으면, 이후 나온 데이터에 따라서 이 실험을 지속하는가 종료하는가에 대한 확실한 기준을 얻을 수 있을 것이다.

06 똑똑한 엘리트가 오히려 창업에 실패하는 이유

　다양한 창업가들을 만나다 보면 정말 똑똑한 엘리트들도 많지만 생각보다 그렇지 않은 사람들도 많다. 대화를 나눠보면 어떤 비범함이나 인사이트가 크게 있지 않아도 사업적으로 성과를 낸 창업가들이 많이 존재한다는 것이다.

　실제로 나 또한 내 주변 친구들에게 똑똑한 사람으로 불리지 않는다. 내 친구들은 대부분 나를 어디 나사 하나 빠진 아이 정도로 생각한다. 내 친구들은 내가 아주 상식적인 것을 모르고 있거나 어떤 말도 안 되는 부분에서 실수를 하는 것을 자주 목격하는데, 그럴 때마다 친구들은 '어떻게 쟤가 창업을 해서 돈을 버는 거지?'라는 농담을 한다.

친구들의 말에 부정하지 않는다. 주변에 평범한 직장 생활을 하는 친구들보다 내가 똑똑하다고 생각하지 않기 때문이다. 내 주변에는 나보다 더 똑똑한 사람들이 즐비하다. 그러다보니 오히려 문득 이런 의문이 들었다.

'왜 나보다 더 똑똑한 사람들이 나보다 더 큰 성과들을 내지 못한 걸까?'

이후 남들이 모두 인정할 만한 엘리트 출신의 똑똑한 창업가와 그렇지 않은 평범한 창업가들을 수없이 만나면서 오히려 똑똑한 엘리트들이 창업에 더 많이 실패하는 이유를 발견하게 됐다. 그것은 바로 '자기 확신 오류' 때문이다.

논리적 불가능 확신 오류 : 챌린지 구간을 넘어서라

많은 창업가들이 논리적 불가능 확신 오류에 빠져서 실험을 시도조차 하지 않고 포기하는 경우가 많다. 논리적 불가능 확신 오류는 '이 실험은 논리적으로 좋은 결과가 나올 수 없다'고 단정하고 결론을 내리고 포기하는 것을 의미한다.

특히 똑똑한 엘리트 창업가들의 경우 더 이 오류에 빠지기 쉽다. 어쩌면 당연하다. 이들은 항상 남들보다 스스로가 더 똑똑하다는 것을 인지하며 살아왔고, 자신이 낸 논리적 예측과 정답들이 대부분 답지와 일치하는 삶을 살아왔기 때문이다. 그에 따라 자존감과 자기 확신이 강하며 자신이 내린 논리적 결론에 대해서도 완벽한 확신을 할 가능성이 높다.

초기 창업을 하다 보면 논리적으로 불가능해 보이는 많은 일들을 마주한다. 예를 들면 라이프해킹스쿨을 처음 창업하고 많은 강사 섭외를 해야 했다. 강사 섭외를 시작했을 때 이런 논리적 불가능 확신 오류에 빠졌다.

'이미 우리보다 훨씬 유저가 많은 클래스101, 패스트 캠퍼스, 탈잉 같은 플랫폼이 즐비하고, 규모가 있는 곳에서는 강의 마케팅도 잘해줄 텐데 어떤 강사가 라이프해킹스쿨에서 강의를 론칭하려고 할까? 만약 이제 막 론칭한 강의 사이트에서 나에게 강의를 제안했다면 나도 거절하지 않았을까?'라는 생각이 계속 머릿속을 맴돌았다.

굳이 강사들이 더 좋은 교육 서비스를 두고 라이프해킹스쿨에서 강의를 제작해야 할 이유가 마땅히 떠오르지 않았다. 아무리 높은 수익구조를 제안하더라도 아직 매출 지표와 인지도가 없는 라이프해킹스쿨에서 론칭했을 때 강의가 잘 판매될 것이라고 생각하지 않을 것이다. 그래서 그때 나의 논리로는 강사를 섭외하는 게 불가능하다는 생각을 했다.

하지만 나는 라이프해킹스쿨 창업 이전에도 여러 창업을 하면서 이런 논리적 불가능 확신 오류를 여러 번 경험해봤다. 분명 논리적으로는 불가능하다고 생각했는데 일단 시도해보면 의미 있는 성과를 거둔 경험이 매우 많았던 것이다. 그래서 논리적으로는 불가능해 보일지 모르지만, 분명 강사를 섭외하는 과정에 내 머릿속의 논리만으로는 생각할 수 없는 수많은 '변수'들이 존재한다는 것을 알고 있었다.

그래서 일단 10명을 직접 만나서 설득해야겠다는 생각을 했다. 수많은 제안 메일을 보내고 소수에게서 회신을 받은 뒤 간신히 미팅을 끌어내자, 실제로 내 논리로는 예상할 수 없었던 다양한 변수들이 작용하기 시작했다.

알고 보니 지인이 겹쳐서 유대감이 만들어진 경우가 있었고, 나의 교육 철학에 감동받아 적극적으로 지지해 주겠다는 강사도 있었다. 그들을 직접 만나기 전에는 이런 변수들은 전혀 예측할 수 없었다. 막상 시도하고 실험해보니 이런 변수들에 의해 성과가 나올 수 있었던 것이다.

똑똑한 사람일수록 논리적으로 결과를 예측하고 그 이후에 실행하기를 원한다. 그래서 논리적으로 불가능하다고 판단되면 실행조차 하지 않으려고 한다.

하지만 적어도 창업에서 만큼은 절대 본인의 논리적 결론을 믿어선 안 된다. 창업이라는 영역은 내 머릿속에서는 절대 떠올릴수 없는 정말 수많은 변수들이 작용하기 때문이다. 또한 안 되는이유를 찾는 게 되는 이유를 찾는 것보다 상대적으로 훨씬 쉽기때문이기도 하다.

똑똑한 사람들이 애초에 창업을 시도조차하지 못하는 가장큰 이유도 바로 논리적 불가능 확신 오류 때문이다. 그들은 항상머릿속에서 그럴듯한 수많은 아이디어들을 떠올리지만 막상 해보려고 본격적으로 고민하고 계획을 세우다 보면 논리적으로 절대 불가능하다고 생각되는 지점을 마주한다. 그리고는 '아! 이거불가능한 거였네'라고 생각하며 창업을 포기하는 것이다.

나는 이런 논리적 불가능 확신 오류가 발생하는 지점을 '챌린지 구간'이라고 이야기한다. 이 구간은 똑똑함과 논리성을 내려놓고 좀 더 무식하게 일단 실행을 해봐야 하는 기간이다. 가설은가설일 뿐이고, 가설에 대해서 불가능과 가능을 자신이 확신해서는 안 된다. 가설을 확신으로 만드는 유일한 방법은 직접 검증해보고 실험해서 결과를 보는 것이다. 일단 실행하고 실험해보면나의 논리만으로는 예상할 수 없었던 세상의 수많은 변수들이 작용하여 예상치 못한 결과를 내놓는 게 바로 창업이다.

창업형 인간은 유연해야 한다. 논리적으로 사업 계획을 구상하고 체계적으로 실행해야 할 때도 있고, 남들이 보기에 '왜 저렇게

까지 하는 거지?'라는 생각이 들 정도로 무식하게 실행하고 실험해볼 줄도 알아야 한다. 논리적으로 불가능하다고 생각되는 지점에 있다면 챌린지 구간이라 생각하고 누구보다 무식하게 일단 실행하고 실험해보자.

논리적 가능 확신 오류 : 메이킹이 아닌 실험이다

논리적 가능 확신 오류도 똑똑한 창업가들이 가장 많이 범하는 오류 중 하나다. 자신의 머릿속 논리로는 이 창업 아이템은 만들기만 하면 무조건 되는 아이템이라고 확신하는 것이다. 무조건 되는 아이템이라고 확신하기 때문에 누가 하기 전에 내가 먼저 만들어야 한다고 생각한다.

그렇게 무조건 된다고 논리적으로 확신하게 되면 매우 큰 리스크를 짊어지게 된다. 무조건 된다고 확신하는 수많은 창업가들은 '미리 팔아보기'에 대한 필요성을 인지하지 못한다. 그래서 시작부터 제품과 서비스를 완제품으로 만드는 것에 집착한다. 그들은 실험을 하기보다는 메이킹을 한다. 고객이 정말 필요로 하는 제품인가를 검증하기보다 자신이 세상을 혁신할 위대한 창조물을 만들고 있다는 행위 자체에 심취해 제품 개발에만 몰두하게 된다.

그렇게 리스크를 안고 많은 자원(시간, 돈)의 투자를 통해 만든 완제품을 시장에 내놓아도 고객의 반응이 생각처럼 오지 않을 가능성이 97%이다. 이런 방식으로 창업하는 창업가들은 매번 '도대체 왜 안 되는 거지?'라는 의문의 지점을 마주하게 된다. 고객의 무반응이 자신의 논리로는 설명이 되지 않다는 것이다.

많은 사람들은 세상 사람들의 사고 수준이나 욕구 등이 대부분 자신과 크게 다르지 않을 거라고 생각한다. 한번은 혼자 제주도에 여행을 가서 게스트하우스에 머물렀는데 그곳에서 평소 볼 수 없었던 사람들을 많이 만날 수 있었다.

각지에서 다양한 일을 하면서 사는 사람들과 만나 대화를 하고 깨달은 점은 '나의 사고와 욕구, 가치관 등이 비슷한 사람들만 내 주변에 두고 살고 있구나'라는 점이었다. 의도적이지 않았더라도 알게 모르게 나와는 결이 다른 사람들을 내 주변에 두지 않으려 했을 것이다. 이처럼 내 주변에는 나와 비슷한 세계관을 가진 이들만 존재하기 때문에 세상 대부분의 사람들이 나와 비슷한 생각을 가질 것이라고 착각하게 될 수 있다. 그래서 나의 논리로 정말 필요한 것이라고 확신할 수 있는 것도 누군가에게는 전혀 필요 없는 것이 되기도 한다.

앞서 이야기했듯이 가설은 가설일 뿐이다. 머릿속에서 100%

될 수밖에 없다고 확신하는 것도 실제 고객에게 제공해보면 세상의 수많은 변수가 작용하여 예상치 못한 결과를 낳는 경우가 비일비재하다.

반대로, 아무리 논리적으로 가능하다고 할지라도 무조건 미리 팔아보기를 하고 고객의 수요를 먼저 확인해야 한다. 미리 팔아보기를 통해 먼저 고객의 수요를 빠르게 확인하고 근거 있는 확신을 한 후에 메이킹을 해도 늦지 않다.

수많은 창업가들이 메이킹에 집착하는 또 다른 심리

창업은 무에서 유를 만드는 예술적인 창조의 과정이 아니다. 오히려 매우 이성적이고 공학적이며 비커와 용액들이 즐비한 실험실에서 실험을 하는 과정에 훨씬 가깝다.

창업은 내 작품을 한땀 한땀 장인 정신으로 만들어서 고객에게 선보이는 일이 아니다. 창업은 고객에게 다가가 고객이 정말 필요한 게 무엇인가에 대해 지속적으로 탐구하고 '이런 것들을 필요로 하지 않을까?'라는 가설을 세우고, 가장 최적의 방법으로 검증해보는 일이다.

내가 1년에 만나는 수천 명의 창업가들 중에서 절대 다수는 창업에 대한 큰 오해를 하고 있다. 창업을 작품을 만드는 메이킹하는 과정이라고 생각하는 경우들이 많다. 그래서 이들은 고객의 니즈를 이해하기 위한 실험을 하기보다는 자신이 세상을 혁신할 위대한 창조물을 만들고 있다는 행위 자체에 심취하게 된다.

창업 초기에 창업가가 가장 많은 시간을 할애해야 하는 것은 제품을 만드는 것이 아닌 실제로 '고객들에게 필요한 제품인가를 이해하기 위한 노력'을 하는 것이다. 하지만 많은 창업가들은 직접 현장에 나가서 고객과 부딪치며 진짜 고객의 니즈를 이해하기 위한 실험을 하기보다는 집에서 자신의 작품을 만드는 것에 심취해 있기를 원한다. 특히 스타트업이라는 이름으로 창업을 하는 이들의 대부분이 이런 경우에 해당된다.

전 세계에서 가장 유명한 스타트업 엑셀러레이터 와이콤비네이터의 창업자 폴 그레이엄(Paul Graham)도 동일한 맥락의 이야기를 했다. 초기 창업자가 해야 하는 것은 '사무실에 앉아서 코드 나 하나 더 두드리며 메이킹을 하는 것이 아니라, 직접 발로 뛰어 유저와의 접점을 만들어 보고 그들의 니즈를 이해하기 위한 실험을 하는 일'이라고 했다.

앞서 미리 팔아보기의 한 예시로 동화 창작 앱의 사례를 이야기했었다. 마찬가지로 이 창업가도 앱을 만드는 메이킹에 심취해 있었다. 그래서 메이킹이 아닌 실험을 해야 한다고 조언했다. 굳이 앱이 아니더라도 PPT를 이용해 만들고 직접 아이들을 교육해 보면 학부모가 '동화 창작 교육에 돈을 지불할 정도로 만족할 것이다'라는 가설을 아주 빠른 시일 내에 검증해 볼 수 있다고 지도했지만, 내 말의 의미를 이해했다고 하면서도 결국에는 실행하지 못했다.

결론은 1년의 시간을 사무실에 앉아 앱을 만드는 데 투자했고 그렇게 론칭한 앱의 결과는 당연히 실패를 넘어 망했다. 앱을 만드는 데 1년의 시간과 많은 돈을 투자했기 때문에 이러한 방식의 실험은 단순히 고객 수요 검증 실패라는 하나의 데이터를 얻었다기보다는 망한 결과를 얻었다고 하는 것이 더 맞는 표현일 것이다.

와이콤비네이터 창업가 폴 그레이엄은 창업가들이 실험보다 메이킹에 집중하는 이유를 '부끄러움'과 '게으름' 때문이라고 이야기한다. 직접 세일즈와 마케팅을 하며 고객에게 다가가 고객이 정말 이 상품을 필요로 하는지 보기 위한 행위를 하는 것 자체를 부끄럽고 귀찮아하는 창업가들이 많다는 것이다.

내가 수많은 창업가들을 경험하면서 느낀 창업가들이 메이킹에 집착하는 또 다른 이유는 유예하려는 심리 때문이다. 대부분의 창업가들은 자신의 작품이 세상에 나와서 평가받는 시점을 조금이라도 미루려는 경향이 있다. 그것은 자신이 애지중지 만든 작품이 대중들의 혹평을 받을지도 모른다는 두려움 때문일 것이다. 그래서 진짜 필요한 기능만 만들어서 빠르게 시장에 내놓고 고객의 반응을 보며 개선하려 하기보다 자잘한 모든 기능까지 다 완벽하게 만든 다음에야 시장에 자신의 작품을 내놓고 싶어 한다. 그래야 조금이라도 내 작품에 대한 평가가 좋아질 것이라고 착각하는 것이다.

이런 이유로 대부분의 창업가들이 직접 현장에 나가 실제 고객의 니즈를 확인하기 위한 실험을 하기보다 스스로는 세상을 혁신할 무언가를 만들고 있다고 자위하면서 메이킹에 온 힘을 다하는 것이다. 그것이 다 만들어지기만 하면 고객들이 알아서 찾아올 것이라고 착각하면서 말이다.

사실 이들의 태도에 대해 나도 매우 공감한다. 대부분 기술자 출신의 창업가들이 이런 태도를 가지고 있는 경우가 많은데 과거 나도 그중 하나였다. 과거 스타트업에서 코파운더로 합류해 기술 총괄책임자로 일했을 때 나는 미친 듯이 메이킹에 심취해 있는 사람이었다. 그때 나는 마케팅, 세일즈보다는 제품만 잘 만들면 고객은 알아서 찾아오게 되어 있다고 생각했다.

어쩌면 이런 사고는 사업가의 마인드라기보다는 기술자들이 가진 장인의 마인드에 가깝다고 볼 수 있다. 창업가와 장인은 목적 자체가 다르다. 창업가는 사람들의 니즈를 충족시켜줄 수 있는 가치를 만들어서 더 많은 사람들에게 제공하는 일을 하고, 장인은 자신의 분야에서 최고치의 완성도 높은 일을 해내는 사람에 가깝다.

특히 음식점을 하는 이들 중에는 사업가보다는 장인에 가까운 사람들이 굉장히 많다. 이들은 음식에만 집중해서 고급 재료를 쓰고 맛있게 장인 정신으로 만들어 내면 고객은 언제든 알아서 찾아와줄 것이라고 생각한다. 장인이 하는 음식점이 성공할 수 있는 시대는 이미 오래전에 지났다. 이런 성공은 인터넷이 없고 음식점 정보를 쉽게 찾아볼 수 없었던 과거에나 가능했다. 음식점 주인의 장인 정신을 소문으로 듣고 많은 식객들이 알아서 찾아와 음식점이 대박이 나는 스토리는 옛날 만화책에서나 자주 나오던 이야기다.

지금은 장인 정신 하나만으로는 사업을 결코 성공시킬 수 없는 시대다. 그래서 아무리 맛있는 맛집도 음식 만드는 것에만 집중하고, 고객에게 직접 마케팅과 세일즈를 하며 실험하는 것을 중요하게 여기지 않으면 성공할 수 없다.

요식업의 대가 백종원이 나오는 〈백종원의 골목식당〉 프로그램을 보면 더 확실히 이해가 간다. 지금은 유명한 돈가스 가게가 된 연돈이 가장 좋은 예시다. 골목식당에 출연하기 전에는 그저 장인이 운영하는 음식점에 불과했다. 그래서 동네에서는 어느 정도 사람들이 알음알음 찾는 음식점이었지만 성공했다고 볼 정도의 사업적 성과는 전혀 없었다. 만약 연돈이 이 프로그램에 나오지 못했고 가게 주인분도 계속 장인정신에만 집중해서 마케팅과 세일즈를 등한시했다면 그 결과는 분명 폐업이었을 것이라고 추측할 수 있다.

골목식당을 더 자세히 들여다보면 백종원 대표는 점주의 상황에 따라 '장인의 자세'를 가르치기도 하고 '사업가의 자세'를 가르치기도 한다. 아직 음식에 대한 태도가 불량하고 장인 정신을 가지지 않은 이들에게는 장인 정신을 심어주는 멘토링을 진행한다. 반대로 이미 음식에 진심인 장인 정신이 있는 점주들에게는 사업가 마인드를 심어주고 음식점을 사업적으로 성공할 수 있도록 멘토링을 한다.

백종원 대표는 사업가 마인드와 장인 마인드의 차이를 확실히 이해하고 있고, 스스로도 이 2가지를 모두 활용하고 유지해서 사업을 성공시켰기 때문에 그것을 기반으로 음식점 점주들을 교육하는 것이다.

이처럼 기술자나 장인의 마인드만 가지고 메이킹에 심취해서는 안 된다. 창업가의 마인드를 가지고 끊임없이 실험을 통해 고객의 진짜 니즈를 이해하고, 그에 맞는 가치를 제공하자. 과거 창업했던 경험이 있다면 스스로 '장인이 되어 메이킹만 하려고 했던 것이 아닐까?'라고 한 번 더 되짚어보길 바란다.

또한 이 책을 읽고 처음 창업을 하게 되는 사람이라면 창업형 인간이 되어 메이킹이 아닌 실험을 하라. 실험이 곧 창업이고, 창업이 곧 실험이다.

07 가설 수립의 4가지 공식

　지금부터는 아이디어라는 단어 대신 가설이라는 단어를 사용할 것이다. 창업을 하는 대부분의 사람들이 아이디어라는 단어를 사용하는 것에서부터 이미 실패를 경험한다. 아이디어라는 단어 자체가 세상에 없는 무언가를 만들어야 한다는 압박을 만들어 내기 때문이다. 세상에 없는 아이디어에 집착하다 보면 100명 중 99명은 애초에 세상에 필요 없는 아이디어를 떠올린다. 사람들이 전혀 필요하지 않았기 때문에 세상에 없는 것인데, 스스로는 세상에 없는 아이디어를 찾아냈다면서 유레카를 외친다.

　창업을 하는데 결코 세상에 없는 독특한 아이디어가 필요하지 않다. 내가 수십 번의 창업을 하면서 단 한 번도 세상에 없는 아이디어로 창업을 한 적이 없다는 것이 그것을 증명한다. 난 항상 기존의 제품과 서비스를 벤치마킹하여 따라가는 전략을 썼고, 단지 따라 하면서 내 것만의 경쟁력을 만들어 낼 수 있는 요소를 하나 첨가했을 뿐이다. 그것을 패스트 팔로어 전략이라고 한다.

1. 패스트 팔로어 전략

패스트 팔로어에 대해 이해하려면 퍼스트 무버(first mover)에 대해 알아야 한다. 퍼스트 무버는 시장에 없던 새로운 아이디어로 시작해서 시장을 개척해 나가는 첫 번째 주자 기업을 의미한다.

앞서 이야기했듯이 퍼스트 무버가 되는 일은 아주 어려운 일이다. 세상에 없지만 고객의 수요가 있는 아이디어를 찾는 것도 어려울 뿐만 아니라, 설령 그런 아이디어를 찾았다고 해도 존재하지 않았던 시장을 개척하려면 엄청나게 많은 노력과 운이 필요하기 때문이다. 그래서 이제 막 창업을 처음 시작하는 이들이 퍼스트 무버가 되려고 하는 것 자체가 멋있는 도전이라기 보단 객기에 가깝다고 본다.

어떤 영역에서 전문가가 되기 위해서는 그 시작점은 반드시 모방으로부터 시작해야 한다. 예를 들어 디자이너를 떠올려보자. 나는 주니어 디자이너를 채용 면접을 할 때, 기획안이 오면 어떤 순

서로 디자인을 하는지에 대해 묻는다. 그리고 만약 자신의 디자인적인 인사이트와 감각을 마음껏 표출하면서 자신만의 디자인 창작 방법에 대해 장황하게 이야기하는 디자이너라면 무조건 불합격 통보를 한다. 반대로 해당 기획안과 유사한 디자인 레퍼런스를 찾고 그 레퍼런스를 기반으로 기초 틀을 만든다고 이야기하는 디자이너는 합격시키는 경우가 많다.

10년 동안 스타트업, 창업 업계에서 일하면서 수많은 디자이너를 봤지만 커리어 시작부터 레퍼런스도 없이 자신의 예술적인 감각만으로 디자인을 해서 퀄리티 높은 결과물을 만드는 경우를 거의 보지 못했다. 대부분은 정말 괴랄한 디자인을 결과로 내놓는다.

반대로 가장 트렌디하게 디자인된 레퍼런스를 찾고 그 레퍼런스를 벤치마킹하여 디자인하는 주니어 디자이너들은 최소한 평균 퀄리티의 디자인 결과물을 항상 내놓는다. 따라만 해도 절반은 가기 때문이다. 그리고 그렇게 1~2년 정도 레퍼런스를 기반으로 벤치마킹하다 보면 시장 트렌드를 이해하고 트렌디한 디자인을 만들 줄 아는 디자이너가 되며, 그 이후부터는 자신의 예술적 감각과 인사이트를 조금씩 추가하면서 기초가 튼튼한 창의적인 결과물이 나오는 것이다.

이런 것은 단순히 디자이너 영역에만 해당되지 않는다. 개발자

영역에서도 주니어 개발자가 자신만의 코드를 만든답시고 무엇도 참고하지 않고 코드를 창작하는 경우 정말 좋은 코드를 작성한 경우를 보지 못했다. 그래서 처음에는 이미 잘 만들어진 코드의 구조를 끊임없이 보면서 벤치마킹하는 방식으로 코딩을 해야 하며, 그것이 익숙해지면 그 이후에 자신만의 로직으로 코드를 작성해내는 개발자가 진짜 고급 개발자가 될 수 있다.

모든 영역에 이런 역량 향상 방법이 적용되듯이 창업에서도 마찬가지다. 초보 창업자가 시작부터 세상에 없는 아이디어를 가지고 퍼스트 무버가 되겠다는 것은 괴랄한 아이디어를 가지고 괴랄한 제품을 만들어 낼 가능성이 99%에 가깝다. 물론 그중 1%는 정말 세상을 혁신할 무언가를 만들기도 하지만 자신의 인생을 1% 확률에 베팅하려고 창업을 하는 것은 아닐 것이다.

초기 창업가들은 고객의 니즈를 읽는 감각이 떨어져서 정말 필요로 하는 가설을 떠올릴 가능성이 매우 낮다. 패스트 팔로어 전략을 이용하면 퍼스트 무버에 의해 일단 고객 수요가 있다는 것은 어느 정도 검증이 된 것이기 때문에 보다 성공 확률이 높은 창업을 하는 것이 가능하다.

그래서 시작은 무조건 패스트 팔로어가 되어야 한다. 다른 기업들의 서비스와 제품을 보면서 내가 벤치마킹해서 해볼 만한 것을 정해야 한다. 다른 기업의 제품과 서비스를 벤치마킹해 만들어 보면서 그들의 성공 방식과 전략들을 따라 배우고, 그것이 어느 정도 익숙해지면 그 이후에 자신만의 아이디어와 인사이트를 추가하는 식이 되어야만 한다.

아직도 다른 서비스와 제품을 따라서 만드는 것이 모방이라며 좋지 않게 인식하는 건, 시대착오적인 발상이라고 생각한다. 물론 불법적으로 벤치마킹하려는 사이트의 모든 코드를 가져온다거나, 홍보 문구나 색상 이미지 등까지 모든 것을 따라 하는 것은 문제의 소지가 있으나, 건전한 방식으로 적절하게 벤치마킹하며 후발주자로 따라가는 것은 전혀 문제될 것이 없다.

시장이란 것이 원래 그렇다. 처음 제품과 서비스를 만든 기업이 그 시장을 무조건 독점해야 하는 논리라면 자유경쟁시장 형성이 불가능했을 것이고, 정부가 규제하지 않으면 제품의 가격을 한 기업이 좌지우지하는 상황도 끊임없이 생겼을 것이다. 배달의민족이 나오니 요기요와 쿠팡이츠가 생기는 것도 같은 원리고, 직방이 생기니 다방, 고방이 생기는 것도 같은 이유다.

패스트 팔로어 전략을 쓰기로 결심하면 결국은 이런 의문에 봉착한다.

'아무리 잘 따라 한다고 한들 나 같은 영세한 창업가가 이미 저렇게 잘하고 있는 기업과 어떻게 경쟁할 수 있지?'

이때는 벤치마킹하려는 서비스가 집중하지 못한 니치 마켓(틈새시장)을 공략하면 된다. 쉽게 이야기해서 벤치마킹하려는 서비스의 타깃 고객 중에 특정 타깃만을 공략하는 것이다.

내가 창업한 라이프해킹스쿨도 같은 전략을 이용했다. 이미 많은 온라인 교육 서비스들이 많이 있었지만, 그 서비스를 이용하는 고객 중 파이어족, 창업, 재테크 즉, 돈을 버는 것에 관심이 많은 고객에게만 집중한 서비스를 론칭했다.

이렇게 타깃을 좁히면 최소한 이 타깃에게 만큼은 우리가 더 잘해줄 수 있는 것이 생기고 경쟁력을 만들 수 있게 된다. 우리는 돈을 버는 것에 관심 많은 고객에게만 집중했기 때문에 '미래자산계산기'라는 바이럴 툴도 만들 수 있었고, '창업부트캠프300'이라는 8주 과정의 실전 창업 교육 과정을 론칭하여 성공적으로 운영할 수도 있었다. 또한 '부의 트렌드'라는 이름으로 분기별로 라이브 세미나를 개최하면서 돈에 관심이 있는 이들에게 만큼은 다른 교육 서비스에서 제공하지 못하는 경쟁력 있는 기능과 서비스를 제공할 수 있었던 것이다.

비록 일부 타깃만을 대상으로 하기 때문에 기존 다른 서비스들에 비해 더 작은 시장에서 더 작은 매출 한계를 가지겠지만, 이것도 단기적일 뿐이다. 일단 특정 타깃을 위한 서비스로 그 시장을 확실히 점유하면 그 이후에 추가적인 사업 및 시장 확장 전략을 언제든지 만들어 낼 수 있다.

라이프해킹스쿨의 경우에도 올해부터 사이트에 가입한 수많은 창업가 고객 풀을 기반으로 컴퍼니 빌딩 영역의 사업으로 확장해 다양한 신사업들을 추진하고 있으며, 이후에는 창업가들을 위한 도매몰 서비스, 컨설팅 등의 영역까지 지속해서 확장할 예정이다. 이렇게 틈새시장을 쪼개서 타깃하는 전략을 사용하면 패스트 팔로어 전략을 이용했을 때 충분한 경쟁력을 만들어 낼 수가 있다.

니치 마켓 전략 외에도 차별화된 마케팅, 세일즈 전략을 구상해내면 된다. 아무리 퍼스트 무버 기업이 잘해내고 있더라도 모든 시장을 점유하는 것은 쉽지 않은 일이다. 그래서 새로운 홍보 채널을 찾아내서 홍보하고, 새로운 미끼 상품(기능)을 만들어서 고객을 유인해 낸다면 오히려 퍼스트 무버 기업의 낙수를 받아서 성장하는 기회를 만들 수도 있다. 이것은 커머스 기업들이 많이 쓰는 전략이다.

퍼스트 무버 기업이 마약베개를 론칭하자 수많은 패스트 팔로어들이 비슷한 마약베개를 론칭해서 오히려 퍼스트 무버 기업이 사용한 막대한 마케팅 비용에 낙수를 받기도 했다. 건기식 분야에서도 대기업이 홈쇼핑으로 특정 건기식을 홍보하기 시작하면, 마찬가지로 패스트 팔로어들이 비슷한 건기식 상품을 빠르게 론칭해서 오히려 대기업이 홈쇼핑 광고를 한 것에 대한 낙수를 패스트 팔로어 기업들이 받기도 한다.

초기 창업가라면 무조건 패스트 팔로어를 택하라. 한국 서비스가 아니어도 좋다. 벤치마킹할 서비스를 선택하고 그들의 시행착오와 노하우를 단기간 내에 흡수하면 된다. 이제 막 시작하는 초보 창업가라면 퍼스트 무버가 되려고 하지 마라. 패스트 팔로어가 되서 그들의 성공 방식을 학습하면서 창업가로 빠르게 성장하라.

2. 정체성 기반의 가설 수립 전략

우리 인생의 최종 목표가 행복 총량을 최대치로 높이기 위함이라면, 인생의 많은 부분을 일이 차지하므로 당연히 상대적으로 더 행복하게 할 수 있는 일을 선택해야 한다. 그래서 미래의 행복 또는 노후를 위해서 지금을 희생하자는 말 자체가 가장 이치에 맞지 않는 말이다. 궁극적으로 인생의 행복 총량을 높이기 위해서라면 지금을 희생하면서 내가 싫어하는 일을 하는 것이 아니라, 내가 행복할 수 있는 일을 하면서 돈을 벌고 미래까지 행복해질 수 있게 하는 게 맞다.

그래서 '자신이 행복을 느끼고 좋아하는 것'과 '내가 남들보다 조금이라도 잘할 수 있는 것'에 대한 정체성 확립이 됐다면 그것을 기반으로 아이디어를 도출해야 한다. 예를 들어 내가 하고 있는 사업 중 교육 사업의 비중이 높은 것은 내가 교육이라는 행위에 행복을 느끼기 때문이다. 그리고 내가 조금이라도 더 잘하는 영역이 코딩과 창업이라고 생각했기 때문에 코딩 학원 비즈니스를 하고 창업 교육 서비스를 운영하는 것이다.

물론 나의 이런 행복, 강점의 교집합은 운이 좋게도 시장의 타이밍과도 교집합이 맞물려서 최고의 선택지가 될 수 있었다. 코딩 역량을 중요하게 생각하는 시대가 되었고, 근로 소득 외에 생존에 대해 많은 사람이 궁금해하는 시대가 되었기 때문에 나는 '행복, 강점, 시장의 교집합'을 만들어서 창업을 했고, 그에 따라 인생에 최대의 행복 총량을 만들고 있다고 자부할 수 있을 만큼 만족도 높은 삶을 살고 있다.

하지만 내가 이런 운을 얻을 수 있었던 것도 결코 우연은 아니다. 창업을 위해 역량을 끊임없이 개발하고 시장에 대한 조사를

행복	강점	니즈(시장 존재 유무)
누군가에게 지식을 전달할 때 행복함	리더십	코딩 공교육이 도입됨
존경받거나 인정받을 때 행복함	오목을 잘함	
대결 게임에서 이겼을 때 행복함	코딩 역량	
가족과 소소한 식사를 할 때 행복함	사람의 장단점을 잘 파악함	
리더로 사람들을 이끌 때 행복함	계획을 잘 세움	

꾸준히 하지 않았다면 분명 그 운은 나를 향하지 않았을 것이다. 당신도 정체성과 일치하는 창업 가설을 수립하기 위해서는 지속해서 자신이 어떤 것에 행복을 느끼는지, 어떤 강점을 가졌는지 논리적인 결론을 내리고 쌓아가면서 시장의 흐름 또한 지속해서 주시해야 한다. 그 과정에서 분명 3가지의 교집합이 되는 가설을 찾고 창업을 할 수 있게 될 것이다.

3. 역량 향상 기반의 가설 수립 전략

많은 사람들이 "저는 지금 가지고 있는 역량이 하나도 없는데 어떻게 창업을 할 수가 있을까요?"라는 질문을 한다.

창업 필승 공식에는 기본적으로 구현 기술이 포함되어 있다. 여기서 이야기하는 구현 기술은 마케팅 역량, 세일즈 역량일 수도 있고, 요식업이라면 요리 기술일 수도 있고, 영상 제작업이라면 영상 편집 기술일 수도 있다. 창업에 필요한 모든 역량을 구현 기술이라고 이야기하는 것이다. 창업을 하기 위해서는 실험을 해낼 수 있을 정도의 구현 기술이 분명히 필요하다.

그래서 창업을 하려면 최소한의 역량을 갖추기 위한 과정이 필요한데, 이 과정을 그저 '준비의 과정'으로만 쓰는 것이 아니라 하나의 '창업의 과정'으로 만들 수 있다. 역량을 만들면서 할 수 있는 창업을 하는 것이다. 예를 들어 마케팅 역량을 본격적으로 만들겠다고 생각하면 해당 분야에 대해 학습을 어차피 할 것이기 때문에 마케팅 강의와 대행 같은 창업에 도전하면서 함께 역량을 만들어가면 된다. 물론 지금 당장에는 가진 경험과 역량이 없기 때문에 시작점에서는 돈을 받으면서 하지는 못할 것이다.

마케팅 강의 상품을 판매하는 것을 계획한다면 시작은 '스터디'로 하는 것이 적절하다. 소모임 앱, 스펙업 네이버 카페 등의 많은 사회 초년생들이 활동하는 커뮤니티를 이용해서 마케팅 스터디 같은 것을 주도적으로 만들어라. 그리고 처음에는 스터디장으로서 사람들에게 지식을 공유하자. 처음에는 본인도 학습을 하면서 공유하는 구조기 때문에 지식을 전달하기 쉽지는 않겠지만, 다른 사람을 가르치는 일을 지속하다 보면 혼자 학습하는 것보다 더 빠르게 역량을 향상할 수 있다. 타인을 이해시키는 과정에서 지식의 밀도가 더 견고해지기 때문이다. 타인을 이해시킬 수 있는 수준이 되어야 완벽한 전문성을 가진 것이라고 볼 수 있다.

마케팅 대행 상품의 판매를 계획한다면 시작점은 후불제 또는 100% 환불 정책을 가지고 대행을 진행하는 것이 좋다. 애초에 만족할 경우에만 돈을 받겠다는 형태로 후불제 마케팅 서비스를 제공하거나, 돈을 받더라도 불만족할 경우 100% 환불을 해주겠다고 이야기하고 대행을 하는 것이다. 초기에는 돈을 벌지 못하고 대행하겠지만 그 과정 중에 많은 포트폴리오를 얻게 될 것이고, 실력도 쌓여가서 어느 순간에는 돈을 받으면서 역량을 향상할 수 있는 시점이 올 것이다.

나 또한 이 방식을 이용해 코어 역량을 만들면서 돈까지 벌 수 있었다. 초기에 개발 역량을 만들기 위해서 스터디를 만들어 지식을 공유하는 역할을 했고, 그 이후에는 개발 강의를 하거나 개발 외주를 굉장히 저렴한 가격으로 제공하면서 실무 역량을 만들 수 있었다. 그렇게 실무 역량과 포트폴리오가 쌓이고 나니 자연스럽게 몸값이 높아지면서 강의 단가를 높이고, 2000~3000만 원에 달하는 개발 외주 건도 20대 중반 대학생 때 진행할 수 있었다.

특히 자신이 20대 초반이거나 대학생이라면 역량을 만드는 과정 자체를 창업과 함께하라. 창업 준비금을 마련한다고 배달일을 하거나 서빙일을 하는 등 창업과 전혀 관계없는 것들로 얼마 되지 않는 돈을 버는 것은 당신에게 큰 도움이 되지 않는다. 이 전략을 쓴다면 역량을 만들어 감과 동시에 창업까지 해낼 수 있다.

4. 바텀업 & 탑다운 전략

가장 일반적인 가설 수립 전략이다. '바텀업(bottom-up) 방식'

은 흔히들 많이 아는 디자인씽킹 방법론과 유사하다. 나를 비롯한 주변 사람의 일상의 문제를 깊이 탐색하고 문제가 발견되면 시장 가능성을 체크하고, 가능성이 보이면 그 문제를 해결할 수 있는 솔루션에 대한 가설을 도출해내는 것이다.

그래서 바텀업 방식의 가설 수립을 하기 위해서는 일상 속의 문제를 마주할 때 '왜 이렇게 불편하지?'라고 생각만 하고 물 흘러가듯 흘려보내는 것이 아니라 모든 것들을 그때그때마다 수집해야 한다. 내가 일상 속에 겪는 문제, 내 주변 사람들이 토로하는 문제들을 계속 적어두고 쌓아두면 바텀업 방식의 가설을 수립하는데 장기적으로 아주 좋은 재료가 된다.

'탑다운(top-down) 방식'은 반대되는 전략이다. 시장의 트렌드 변화를 주시하고 그 시장 속에서 내가 해결할 수 있는 문제를 찾아내는 방식이다. 문제가 발견되면 그걸 해결할 수 있는 솔루션에 대한 가설을 도출해내는 것이다.

마찬가지로 탑다운 방식의 가설 수립을 위해서는 많은 재료들을 수집해야 한다. 여기서 재료는 시장에 대한 정보이다. 새로운 창업 기업들이 어떤 제품과 서비스를 론칭하고 있는지 항상 주시하고, 시장의 트렌드가 어떻게 변화하는지 의식하며 학습해야 한다.

나는 〈스타트업 위클리〉라는 스타트업 정보 구독 서비스를 무료로 구독하면서 매주 월요일마다 스타트업에 대한 정보들을 얻고 있다. 어떤 새로운 창업 회사들이 만들어졌고, 어떤 스타트업이 얼마나 투자를 유치했는지에 대한 정보를 보면서 시장의 흐름을 파악할 수 있다.

'피터팬의 좋은방 구하기', '아프니까 사장이다'라는 네이버 카페도 이용한다. 해당 카페에는 카페, 펍, 렌탈스튜디오 등의 오프라인 매장을 판매하려는 사람들이 매물들을 올려놓는다. 그런 매물들을 보면서 권리금 시세를 지속해서 팔로업하기도 하고, 요즘 트렌드에 맞는 오프라인 사업이 무엇인지 지속해서 체크하는 것이다.

이외에도 아웃스탠딩, 바이라인네트워크, 플래텀, EO, 휴먼스토리, 탐구생활, 신사임당 등 수많은 사이트와 유튜브 채널을 통해서 지금 가장 트렌디하고 시장성 있는 사업 영역이 어딘지 정보를 계속해서 얻어 낸다. 이런 과정에서 얻은 정보들이 재료가 되어 탑다운 방식의 가설 도출을 가능하게 하는 것이다.

지금 내 전자 노트에는 내가 경험했던 불편함에 대한 문제들을 적어 놓은 리스트가 있고, 시장을 조사하면서 찾아낸 새로운 사업 모델 등을 적어 놓은 리스트가 있다. 쌓여 있는 이 리스트를 보면서 계속 새로운 가설을 도출해내는 것이다. 간혹 문제와 새로운 사업 모델이 연결되면서 새로운 형태의 가설이 도출되기도 하고, 사업 모델과 나의 정체성에 교집합이 만들어져서 새로운 가설이 도출되기도 한다.

가설 수립의 한계 극복

좋은 가설을 도출해내기 위해서는 무조건 많은 재료가 필요하다. 만약 단 3가지 재료만으로 창의적인 요리를 만들라고 하면 만들 수 있겠는가? 당연히 하지 못할 것이다. 최소 10개 이상의 재료가 주어져야 창의적인 요리를 떠올리는 것이 가능할 것이다.

지금까지 여러분이 마땅한 가설이 떠오르지 않은 이유는 간단하다. 가진 재료가 몇 개 없기 때문이다. 그래서 다양한 재료들을 계속해서 수집해야만 한다. 앞에서 언급한 정체성(행복 리스트, 강점 리스트)에 대한 재료도 수집하고, 일상 속 문제에 대한 재료도 수집해야 하며, 시장 트렌드에 대한 재료도 지속해서 수집해야 한다. 그 외에도 2가지를 추가적으로 해야 가설 수립의 한계를 극복할 수 있다.

1. 자신의 구현 기술에 대한 재료도 지속적으로 수집을 해야 한다.

대부분 사람들은 자신이 지금 가진 역량으로 그나마 해낼 수 있는 범주 내의 가설을 떠올린다. 그래서 만약 지금 가지고 있는 구현 기술이 거의 없는 이들은 가설 수립에 한계가 있을 수밖에 없다. 더 많은 가설들을 떠올리기 위해서는 다양한 구현 기술을 미리 가지고 있어야 한다. 이후 'PART 4. 09 초밀도 역량 개발법'에서 이야기하는 역량 개발법을 이용해서 다양한 구현 기술을 빠르게 습득하라.

2. 세계관 확장을 해야만 더 광범위한 가설 수립을 할 수 있다.

사람은 자신의 현재 세계관 내에서만 가설을 도출하려고 한다. 예를 들어 나 또한 대학생 때에는 아무리 가설을 떠올리려고 해도 대학생 대상의 가설밖에 떠오르지 않았다. 중고거래 앱, 대학생 커뮤니티 앱, 대학생 소개팅 앱 같은 것만 떠오르는 것이다. 그것은 내 세계관이 대학생 정도의 세계관에 머물러 있었기 때문이다. PART 2에서 이야기했던 세계관 확장 방법론을 이용해서 자신의 세계관을 지속적으로 넓혀가는 작업을 해야만 더 광범위한 가설 수립을 해낼 수 있다.

앞서 이야기했듯이 당신의 창업 가설이 세상에 없는 독창적인 가설일 필요가 전혀 없다. 지금까지 언급한 4가지 가설 수립 방법과 한계 극복을 위한 전략만 잘 구상하더라도 충분히 나만의 가설을 만들어 낼 수 있다.

08 제품력 높이기 VS 마케팅 잘하기

　많은 창업가들에게 멘토링하다 보면 가장 많은 질문을 받는 부분은 역시나 마케팅 부분이다. 대부분의 창업가들은 뒤늦게 마케팅의 중요성을 깨닫는다. 앞서 이야기했듯이 창업 초기에는 제품만 만들면 알아서 고객이 구매해줄 것이라고 착각하기 때문에, 제품을 메이킹하는 것에 몰입하면서 마케팅에 대해서는 관심조차도 갖지 않는다.

　하지만 실제 제품을 론칭하고 고객 반응이 없다는 것을 알고 나면 그때부터 부랴부랴 마케팅에 대한 정보를 찾아보고 공부하기 시작한다. 그들의 생각과는 다르게 창업에서 경영, 제품, 인재 등등 중요한 것이 많지만, 그중에서도 굳이 중요도를 따지면 마케팅이 8할 이상을 차지한다.

내가 수많은 성공한 창업가들을 만나면서 깨달은 것은 그들이 만든 제품과 서비스가 결코 특출나지 않다는 것이다. 특출난 것은 둘째 치고 오히려 기본도 지켜지지 않은 제품력을 가지고 있는 경우도 허다하다. 재미있는 것은 제품력이 좋지 않아도 결국 매출을 내고 돈을 벌고 성공적으로 사업을 운영하고 있다는 점이다.

여러분도 이런 일들을 평소에 목격하곤 할 텐데 바로 '맛집'이라고 알려진 대부분의 곳들이 그렇다. 인터넷상에서 맛집을 검색해서 인스타그램, 블로그 후기 등을 보고 실제로 방문했을 때 정말로 평균 이상의 맛을 가진 맛집이 얼마나 있었는가? 난 음식의 맛에 꽤나 관대한 편이지만 나의 관대한 입맛으로도 실망한 곳이 적지 않다. 분명 맛집으로 알고 먼 길을 찾아가 먹었지만 평범한 맛이거나 심하게는 평균 이하의 수준인 곳도 많았다. 희안한 건 그럼에도 불구하고 그 음식점을 가려고 오랜 시간 줄을 서거나, 기다리면서까지 먹는 사람들이 널렸다는 것이다.

그 이유는 당연히 마케팅 때문이다. 맛집으로 유명해진 대부분의 음식점들은 음식이 정말 맛있어서 알음알음 고객들이 찾아가다가 맛집이 된 것이 아니라, 시작부터 인스타그램, 블로그 고객 후기나 이벤트, 인스타 감성 사진을 찍을 수 있는 스팟 등을 잘 세팅했기 때문에 성공할 수 있었던 것이다.

맛집 사례처럼 제품의 본질이 평균이거나 또는 평균 이하인데도 마케팅을 잘해서 사업을 성공적으로 운영하는 경우는 굉장히 많다. 물론 이 사업이 지속성이 있는 사업이 될 것이냐는 별개의 이야기다. 제품력이 안 좋은 상태로 마케팅만으로 돈을 많이 벌고 그 이후 자본을 바탕으로 제품력을 향상시키는 경우도 많다. 적어도 마케팅만 잘하면 제품력이 조금 부족해도 일시적으로 사업을 성공시키는 것까지는 가능하다는 의미다.

반대로 진짜 맛집인데 마케팅에 대한 생각이 없는 장인들이 운영하는 음식점들은 어떨까? 장인들은 알아서 고객이 찾아올 거라고 생각한다. 앞선 〈백종원의 골목식당〉 프로그램에 나온 연돈의 사례처럼 말이다. 그러나, 누구나 쉽게 음식점 정보를 온라인상에서 찾아볼 수 있는 정보의 시대에 인터넷에서 아무리 찾아도 후기 하나 나오지 않는 꽁꽁 숨겨진 음식점을 어떻게든 찾아가려는 고객은 이제 없다. 그래서 오히려 '진짜 맛집'은 망하고 '가짜 맛집'은 흥하는 일들이 비일비재하게 일어난다.

제품력 없이 마케팅만으로 가치 없는 상품을 팔라는 이야기가 아니다. 당신의 제품에 정말 자신이 있고 사람들에게 큰 가치 줄 것이라는 확신이 있으면 있을수록 마케팅을 잘할 줄 알아야만 한다.

진짜 맛집들이 마케팅을 잘해야 많은 소비자들도 가짜 맛집에 속아서 맛없는 음식을 먹게 되는 것이 아니라, 정말 맛있는 음식을 먹을 기회가 더 많이 생기지 않겠는가. 그래서 진짜 맛집일수록 더 마케팅을 잘해야 할 의무가 있는 것이다. 마찬가지로 당신이 판매하는 것이 정말 좋은 제품이면 제품일수록 더 마케팅을 잘해야 할 의무가 있다.

이처럼 창업가들이 메이킹에만 매몰되는 또 다른 이유는 창업에 대한 세계관이 매우 작기 때문이기도 하다. 세계관이 좁기 때문에 어떤 사건이 더 중요도 있는 것인지 사건의 크기를 잘 가늠하지 못한다. 실제 제품을 만들어 내는 것 자체는 창업에서 20%의 중요도밖에 되지 않는데, 그곳에 자신의 대부분의 자원(시간, 노력 등)을 투자한다. 그리고 80%의 중요도를 가진 마케팅에는 거의 신경을 쓰지 않는다. 만약 제품을 만드는 것에 썼던 자원을 마케팅에 사용했다면 4배 이상의 창업 성과들을 가져왔을 것이다.

사실 창업에서 제품의 본질보다 마케팅이 훨씬 중요해진 또 다른 이유는 우리가 살아가면서 사용하는 대부분의 제품들의 품질이 매우 상향평준화됐기 때문이다. 누구나 OEM, 3PL 등을 통해서 기본 이상의 제품을 만들어 배송할 수 있는 시대고, 누구나 온라인상에 있는 레시피 정보를 이용해 기본 이상의 요리를 만들 수 있는 시대가 되었다. 그럴듯한 쇼핑몰이나 강의 사이트도 솔루션을 이용하면 하루 만에 만들 수 있기도 하다.

이러한 간편한 제조, 유통, 솔루션 시스템이 없고 정보가 많이 공개되지 않았던 과거에는 제품의 질이 매우 극명하게 차이 났지만, 지금 시대에는 제품의 질에 대한 차이는 극히 작아지고 있다. 누구나 평균 이상의 제품을 만들 수 있는 시대인 것이다. 모두가 제품력이 좋다면 결국 소비자는 어떤 제품을 선택할까? 마케팅을 잘한 제품을 선택할 수밖에 없다.

앞서 미리 팔아보기 실험에서 가설을 제대로 검증하기 위해서는 결과에 영향을 줄 수 있는 통제변인 제어를 잘해야 한다는 이야기를 했다. 사실 통제변인 중 가장 중요한 것은 마케팅 역량이다. 아무리 유의미한 가설이여도 마케팅 기본 역량이 없으면 그 가설을 실험해볼 수 없다. 마케팅 역량을 갖추는 것 또한 내가 정말 검증하려는 가설의 본질 그 자체를 제대로 검증하는데 필요한 필수 조건인 것이다. 이제 창업은 결국 누가 더 좋은 품질을 만드냐의 게임이 아니라, 누가 더 마케팅을 잘하고 누가 더 잘 파느냐의 게임이다.

09 마케팅의 뼈대, 돌다리 이론

　마케팅의 중요성을 깨달았다면 가장 먼저 해야 하는 것은 마케팅의 본질을 이해하는 것이다. 일부 창업가들은 자신이 페이스북 광고한 것을 나에게 보여주면서, 자신은 돈을 쓰고 광고를 하는데 왜 안 팔리는지 모르겠다고 이야기한다. 페이스북 광고도 잘 세팅한 것 같고 광고 소재도 흥미롭게 잘 만든 것 같은데 구매가 일어나지 않는다는 것이다. 페이스북 광고는 마케팅을 함에 있어서 다양한 선택지 중에 하나의 도구에 지나지 않는다. 마치 페이스북 광고가 마케팅의 전부인 것처럼 이야기하는 것 자체가 아직 마케팅의 본질이 무엇인지 모르고 있다는 것을 의미한다.

　광고를 해도 구매가 일어나지 않는 이유를 알기 위해서는 고객이 나의 제품을 인지하고 실제 구매까지 하게 되는 전체의 과정을 이해하는 것이 중요하다. 나는 고객의 구매까지의 여정을 돌다리에 빗대어 이야기한다. 고객이 제품을 인지하고 호기심을 느끼고 몰입하고 의심을 했다가 구매 욕구를 느끼고 최종적으로 구매까지 하는 모든 과정은, 돌다리를 하나하나 건너오는 과정과 매우 흡사하다.

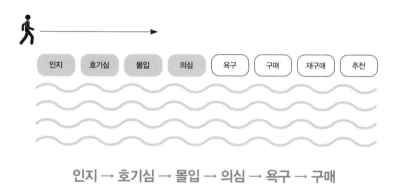

인지 → 호기심 → 몰입 → 의심 → 욕구 → 구매

각각의 돌다리는 고객의 심리 상태를 나타낸다.

인지 돌다리 → '어? 이런 제품이 있네.'

호기심 돌다리 → '근데 이 기능은 뭐야? 신기하네.'

몰입 돌다리 → '오, 이런 기능이구나. 좋은데?'

의심 돌다리 → '근데 이거 진짜 제대로 작동하는 거 맞나? 사

기 아니야?'

욕구 돌다리 → '오늘까지만 할인이라고? 지금 구매해야 하나?'

구매 돌다리 → '그래 사자. 구매해야겠다!'

이처럼 고객은 하나하나 돌다리를 밟으며 점차 구매 심리가 고조되어 최종적인 구매 결정을 한다. 처음부터 대뜸 구매 돌다리만 내민다고 구매할 고객은 없다는 뜻이다.

만약에 돌다리 하나가 부실하다고 가정해보자. 돌다리를 건너오던 사람은 그 부실한 돌다리를 밟다가 강에 빠지게 될 것이다. 쉽게 이야기해서 수많은 돌다리 중 만약 하나라도 부실한 돌다리가 있다면 고객은 결코 구매 돌다리를 밟을 수 없다. 앞서 페이스북 광고를 했는데 구매가 일어나지 않은 이유는, 페이스북 광고로 인지 돌다리를 밟는 것을 시작으로 다음 돌다리들을 건너다가 어떤 부실한 돌다리에서 강에 빠져 결국은 구매 돌다리까지 도달하지 못했다는 것을 의미한다.

단순히 페이스북 광고를 집행하여 인지 돌다리만 튼튼하게 만든다고 해서 고객이 최종적으로 구매 돌다리를 밟을 거라는 보장은 없다. 하나의 돌다리도 빠짐없이 모든 돌다리를 튼튼하게 해야만 고객을 구매 돌다리까지 이르게 할 수 있는 것이다.

사실 이런 마케팅 원리는 모든 인간관계를 맺는 과정에도 동일하게 적용된다. 만약 내가 대학생이고 개강을 해서 학교에 갔다고 가정해보자. 첫 수업에 들어갔는데 내 이상형에 가까운 여성이 앉아 있다. 그리고 당일 그 여성과 사귀고 싶다는 최종 목표를 세웠다. 어떻게 하면 그 여성과 사귀는 결과를 얻을 수 있을까?

이것도 고객에게 상품을 판매하는 과정과 동일하다. 이 또한 나의 이성적 가치를 상품으로 판매하는 행위이기 때문이다.

만약 처음 그 여성을 본 당일 바로 가서 '마음에 드는데 사귀자'라고 갑자기 이야기하면 어떤 결과를 얻게 될까? 경찰에 신고를 당하지 않으면 다행이다. 전혀 본 적도 없는 사람이 갑자기 말을 걸어서 사귀자고 제안했을 때 그 이성적 가치를 구매할 여성은 세상에 거의 없을 것이다. 그런데 사실 대부분의 창업가들은 고객들에게 지금처럼 어이없는 제안을 하고 있다. 고객들에게 아무런 과정도 없이 대뜸 '일단 사봐'라는 형태의 광고를 하고선, 왜 안 팔리는지 모르겠다는 이야기를 한다.

단, 애초에 상품 자체가 말이 안 될 정도로 좋은 경우는 예외다. 예를 들어 조각 미남이라고 불리는 서강준, 차은우, 원빈 정도의 외모를 가진 상품이라면 저런 말도 안 되는 방식이 통할 수도 있다. 이것은 지나가던 모르는 사람한테 200만 원짜리 새 맥북을 '5만 원에 줄 테니 사실래요?'라고 묻는 행위와 같다. 저런 제안이라면 누구라도 맥북을 구매할 것이다.

그렇다면 미남이 아닌 평범한 대학생이 좀 더 좋은 결과를 얻기 위해서는 어떤 과정을 거쳐야 할까? 앞서 돌다리를 동일하게 적용하면 된다.

STEP 1. 그 여성이 인지 돌다리를 밟게 해야 한다.

말 그대로 나라는 상품이 이 수업에 존재한다는 것을 각인시키는 것이 필요하다. 일부러 그 여성의 눈에 잘 띌 만한 자리에 앉거나, 일부러 교수님이 무엇을 물어보면 가장 먼저 빠르게 답변하는 등의 행위를 통해서 나의 존재를 기억에 남길 수 있다.

인지 돌다리 → '수업을 같이 듣는 사람이구나.'

STEP 2. 그 여성이 호기심 돌다리를 밟게 해야 한다.

나에 대한 존재를 알게 했으면 그 이후로는 내가 궁금하게 만들어야 한다. 예를 들어 미리 수업 내용을 다 예습해 가서 교수님이 가볍게 묻는 질문에도 박학다식하게 답변을 하고 그럴듯한 반문을 한다거나, 누가 봐도 패션 피플처럼 옷을 입고 가서 눈에 띄는 등의 행동을 하는 것이다.

호기심 돌다리 → '저 사람은 누구인데 저렇게 똑똑하지?(옷을 잘 입지?)'

STEP 3. 그 여성이 몰입 돌다리를 밟게 해야 한다.

나에 대해 호기심이 생겼다면 본격적으로 접근해서 친해질 기회를 만들 타임이다. 이때는 판매 의도를 숨기는 게 낫다. 내가 이성적 가치를 판매하기 위함이 아니라 단순히 수업을 잘 진행하기 위한 목적으로 접근한다는 느낌을 주어야 한다. 그리고 자연스럽게 대화의 빈도를 높이고 친해지면서 나의 가치들을 의도하지 않은 듯이 보여주어야 한다.

몰입 돌다리 → '이 사람 볼수록 괜찮네. 되게 바르고 진취적인 사람인 것 같아.'

STEP 4. 그 여성이 의심 돌다리를 밟았을 때 그 의심을 해결해 주어야 한다.

몰입을 하다 보면 '이 사람도 과거 남자들처럼 어떤 단점이 있지 않을까'라고 의심할 수 있다. 그런 의심을 풀어줄 수 있는 과정을 거쳐야 한다.

의심 돌다리 → '이 사람도 같은 줄 알았는데, 확실히 다른 것 같아.'

STEP 5. 그 여성이 구매 욕구 돌다리를 밟게 해야 한다.

구매 욕구를 느끼게 하는 마케팅 전략에는 타임어택, 희소성

등이 있다. 선착순 모집을 하거나 곧 할인이 마감된다는 것을 명시하는 것이다. 마찬가지로 여성이 느끼기에 내가 언제든 다른 여성에게 판매될지도 모른다는 불안감을 주는 과정을 거쳐야 한다.

구매 욕구 돌다리 → '요즘에 다른 여자애랑 엄청 친하게 지내나 보네.'

STEP 6. 구매 돌다리를 밟게 한다.

이제 본격적으로 나의 이성적 가치를 판매할 타이밍이다. 구매 돌다리에서는 더 쉬운 결제 수단을 제공하는 것도 중요하다. 구매하려고 했는데 결제 과정이 너무 복잡해서 구매를 포기하는 경우도 많기 때문이다. 사귀자는 제안을 하되, 그 제안을 받아들이는 과정에서 혹시라도 '너무 빠르게 수락하면 자신의 가치가 낮아지지는 않을까'라는 여성들의 심리를 고려해서 부담스럽지 않게 제안하면 된다.

구매 돌다리 → '나도 사귀고 싶었는데, 좋아 사귀자!'

어떤가? 시작부터 갑자기 구매 돌다리를 제안하는 것보다는 나의 이성적 가치를 판매할 가능성이 분명히 높아졌을 것이다. 여기서는 짧게 6단계의 돌다리로 구성했지만 실제로는 더 촘촘하게 많은 돌다리들이 있을 것이다. 핵심은 여성의 심리를 점차 고조시키는 과정이 필요하다는 것이다. 멀쩡하게 생겼는데 이성 관계가 쉽지 않은 남자들을 흔히 볼 수 있는데, 상대의 심리를 단계별로 공략하기보다 자신의 감정에만 치우쳐서 말도 안 되는 제안을 하는 경우가 많기 때문이다.

사업가들끼리 통용되는 말이 있다. 이성 관계가 원활하지 않은 사람은 사업을 하지 못한다는 것이다. 자신의 이성적 가치를 이성에게 판매하는 과정과 상품을 고객에게 판매하는 과정이 본질은 같기 때문이다. 자신의 이성적 가치도 판매할 수 없는 사람이 어떤 상품을 판매할 수 있을까? 사실 돌다리 이론은 이성과의 관계뿐만 아니라 친구와의 관계, 부모님과의 관계, 직장 상사와의 관계 등에서 그들에게 나의 제안(판매)을 받아들이게 하는 모든 곳에 활용할 수 있다.

예를 들어 부모님께 자취 허락을 받고자 할 때도 사용할 수 있고, 친구에게 돈을 빌리는 데에도 활용할 수 있다. 앞의 예시와 같이 고객에게 상품을 판매하기 위해서는 모든 돌다리를 튼튼하게 만들어야 한다.

인지 돌다리에서는 최대한 많은 고객들이 우리 상품을 볼 수 있게 하는 작업이 필요하다. 페이스북, 네이버, 인스타, 유튜브 등의 채널을 이용할 수 있고, 검색 최적화(SEO, Search Engine Optimization), 체험단, 인플루언서 마케팅 등을 이용해서 최대한 많은 사람에게 알려야 한다. 다양한 채널에 실제 유료 광고를 진행해야 하기 때문에 가장 많은 비용이 사용되는 돌다리가 인지 돌다리라고 볼 수 있다. 그래서 인지 돌다리를 본격적으로 튼튼하게 만들기 전에 인지 돌다리 다음 돌다리들이 충분히 튼튼한가를 먼저 점검해야 한다. 다음 돌다리 중 부실한 돌다리가 있는 상태로 인지 돌다리를 튼튼하게 만들기 위해 광고비용을 집행하면, 결국은 구매까지 이어지지 못하고 무용지물이 되어 버릴 수 있기 때문이다.

호기심 돌다리에서는 인지 돌다리를 통해서 상품의 존재를 인식한 고객들이 호기심을 느끼도록 하여 광고를 클릭하게 해야 한다. 결국 고객이 궁금해할 만한 카피라이팅이나 영상, 이미지를 이용해서 호기심이 생길 수 있고 궁금하게 만드는 광고 소재가 필요하다.

몰입 돌다리에서는 호기심을 느껴서 상품 상세페이지에 들어온 고객이 본격적으로 이 상품에 매료되게 하는 작업이 필요하다. 마찬가지로 상품 상세페이지의 흐름과 구성이 가장 중요한데, 상세페이지 내에는 우리 상품의 가치를 잘 보여줄 수 있는 섹션이 있어야 하고, 이 상품을 구매하지 않았을 때 잃게 되는 손해도 이야기해 주어야 한다.

의심 돌다리에서는 상품의 기능에 대한 고객의 의심을 해결해 줄 수 있어야 한다. 많은 고객 후기들을 상세페이지에 넣는 것부터, 사이트를 벗어나서 외부 포털에 우리 상품을 검색할 가능성도 염두에 두어야 한다. 그래서 네이버 블로그에 많은 상품 후기들을 깔아두는 작업을 선제적으로 해야 할 필요도 있다.

구매 욕구 돌다리에서는 지금 당장 구매해야 하는 이유를 만들어 줘야 한다. 만약 고객이 좀 더 고민해보겠다고 보류하는 순간 이미 그 고객은 구매 결정을 포기한 것과 다름없다. 그나마 앞선 돌다리에서 상품에 몰입된 상태일 텐데, 불과 하루이틀만 지나도 상품에 대한 기억조차 사라지는 게 대부분이기 때문이다. 그래서 지금 당장 구매해야 되는 이유를 만들어주기 위해서는 할인, 선착순, 쿠폰 프로모션 등의 장치를 이용해야 한다. 오늘 구매해야 더 저렴한 가격으로 살 수 있다는 것을 이용하는 것이다. 그럼 고객은 내일 구매해야 되는 것이 손해라고 느껴서 오늘 구매를 결정하게 된다.

마지막, 구매 돌다리에서는 고객이 구매하려 할 때 보다 더 편리한 방법으로 구매할 수 있도록 해야 한다. 결제를 하려고 하는데 결제 과정 자체가 복잡해서 나중에 해야겠다고 포기하는 경우도 발생할 수 있기 때문이다. 쉬운 결제가 가능하도록 네이버 페이 같은 PG사 연동을 하는 것이 좋다.

이처럼 고객의 최종 구매 돌다리를 밝게 하기 위해서는 모든 돌다리를 튼튼하게 체크해야 한다. 실제로 여기에 포함되지 않는 돌다리들도 많을 것이다. 그런 고객의 미세한 심리 상태까지 더 꼼꼼하게 파악해서 그런 심리를 공략할 수 있는 돌다리를 촘촘하고 튼튼하게 만들어두면, 최종 구매까지 이어지게 하는 것은 그리 어려운 일이 아니다.

앞서 이야기했듯이 페이스북 광고를 하고 체험단 등을 이용하는 것들은 그저 돌다리를 튼튼하게 하는 도구에 불과하다. 도구 하나를 다룰 줄 안다고 마케팅을 잘한다고 착각하면 안 된다. 도구 사용법은 미리 익혀두어 각각의 상황과 상품의 종류에 맞게 적절한 도구를 꺼내 써야 한다.

또한 상품에 따라서 적절한 도구가 다르다. 예를 들어 라이프해킹스쿨과 한강에피크닉의 마케팅에 사용한 도구를 살펴보자. '라이프해킹스쿨'은 인지 돌다리를 만드는데 인플루언서 마케팅과 페이스북 광고를 이용했을 때가 가장 효과가 좋았고, 반면 네이버 블로그 체험단 등의 광고를 했을 때는 효과가 거의 미미했다.

반대로 '한강에피크닉'은 페이스북 광고를 했을 때 전혀 효과가 없었고, 네이버 블로그 체험단을 이용했을 때 가장 효과가 좋았다. 이처럼 어떤 상품이냐에 따라 적절한 도구가 다르다.

수많은 마케팅 도구(페이스북, 인스타, 유튜브, GDN, 네이버, 카카오 등)의 사용법은 굳이 책에서 언급하지 않겠다. 인터넷을 조금만 뒤져 봐도 무료로 제공되는 수많은 지식들이 넘쳐난다. 공개된 지식들을 보고 모든 도구를 한 번씩 사용해보면 누구나 쉽게 활용할 수 있다. 마케팅의 핵심은 돌다리를 튼튼하게 만드는 것이며, 돌다리를 만드는 과정에서 가장 적절한 도구를 꺼내 쓸 줄만 알면 될 뿐이다.

10

미끼 상품으로
손실에 대한
두려움을 제거하라

마케팅은 돌다리 이론을 숙지하고 적절한 도구들을 잘 수집해서 다룰 줄 안다면 생각보다 쉽다. 그리고 한 단계 더 나아가 고객의 구매 전환을 보다 쉽게 만들 수 있는 미끼 상품 전략까지 활용한다면 거의 모든 상품을 판매할 수 있을 만큼의 마케팅 역량을 갖추게 된 것이다.

미끼 상품은 의심 돌다리를 완전히 튼튼하게 만들어서 고객의 구매 가능성을 대폭 상승시킬 수 있는 전략이다. 기본적으로 대부분의 고객은 어떤 상품을 구매했을 때에 잃을 수 있는 손실에 대해서 끊임없이 생각한다. 상품을 구매했을 때 구매한 값어치를 하지 못하면 잃게 될 나의 금전적 손실에 대해서 고민할 수도 있고, 또는 몇 주간 진행되는 교육 상품을 구매했을 때 그 교육이 구매한 값어치를 하지 못하면 잃게 되는 시간적 손실에 대해서도 고민하게 되는 것이다.

구매라는 행위는 교환의 과정이기 때문에 내가 준 것보다 받은 것의 가치가 낮지 않을까라는 의심을 끊임없이 할 수밖에 없는 것은 어쩌면 당연하다. 그래서 미끼 상품은 이런 고객의 손실에 대한 의심을 없애주는 역할을 한다.

예를 들어 넷플릭스가 한국 시장에 처음 진입했을 때도 미끼 상품 전략을 사용했다. 나는 초기에 넷플릭스를 구독하지 않고 있었는데 넷플릭스에 대해 잘 몰랐기 때문에 그 안에 들어 있는 영화나 드라마가 아주 옛날 것들이고, 콘텐츠의 퀄리티가 비용에 못 미칠 것이라고 생각했기 때문이다. 무의식적으로 금전적인 손실에 대한 의심을 하고 있었을 것이다.

그런 와중에 어느 날 넷플릭스를 1개월 무료 구독할 수 있다는 광고를 봤다. 1개월 무료 구독 후 해지를 해도 된다는 문구까지 있어서 그제야 한번 구독해봐도 밑져야 본전이겠다라는 생각을 했다. 구독해볼 수 있는 명분이 생긴 것이다. 그렇게 카드 결제 정보를 입력해서 1개월 무료 구독을 한 이후 실제 콘텐츠를 보니 매우 만족스러웠고 손실 의심이 사라져서 지금까지도 넷플릭스를 구독해서 애용하고 있다.

이처럼 넷플릭스가 사용한 '1개월 무료 구독'은 고객이 가진 손실 의심을 파괴해줄 수 있는 핵심적인 마케팅 장치가 되었고, 넷플릭스는 이 전략을 이용해 빠르게 국내 시장에서 자리를 잡고 고객을 유입시킬 수 있었다.

이처럼 미끼 상품의 핵심은 고객 입장에서 손실이 될 만한 것이 없다고 생각하게 만드는 것이고, 일단 상품을 경험하게 하면서 만족도와 로열티를 높여서 손실 의심을 완전히 파괴하여 유료 구매까지 이어지도록 하는 것이다.

지식(전자책, 강의 등) 창업을 하는 데에 있어서도 미끼 상품은 꼭 활용해야 하는 마케팅 전략이다. 영상 편집 교육 강의를 판매한다고 가정해보자. 상품의 적정 가격을 20만 원 정도라고 생각하더라도 시작부터 상품의 가격을 20만 원으로 책정하면 분명 어떤 판매도 일어나지 않을 것이다.

이때 1시간 분량의 라이브 무료 강의를 미끼 상품으로 사용할 수 있다. 무료라는 점이 손실이 없으니 일단 참여해볼 수 있다는 명분을 제공해준다. 그리고 1시간 라이브 강의에서 좋은 퀄리티의 교육을 제공한다면 20만 원짜리 유료 상품의 퀄리티가 낮을 것이라는 손실 의심을 파괴할 수 있는 것이다. 손실 의심을 파괴하고 유료 제안을 하면 구매 가능성을 매우 높일 수 있다.

내가 학원 사업을 할 때도 이 미끼 상품 전략을 철저하게 이용했다. 무료 학부모 코딩 교육 세미나, 무료 체험 수업, 무료 코딩 캠프 등을 맘카페 등에 홍보해서 금전적 손실이 없는 미끼 상품을 제시했으며, 이 미끼 상품을 이용해서 조금이라도 코딩 교육에 관심이 있는 학부모의 전화번호를 획득할 뿐만 아니라 우리 교육 상품을 일부 체험하게 하여 손실 의심을 파괴하고 결과적으로 많은 유료 전환을 만들어 낼 수 있었다.

미끼 상품을 기획할 때는 고객이 의심할 만한 손실을 고려해서 그 손실을 제거한 형태의 상품으로 기획해야 한다. 대부분은 금전적 손실을 고려하기 때문에 '일시적 무료'가 가장 좋은 미끼 상품이 되긴 한다.

이외에도 미끼 상품을 이용한 사례는 매우 다양하다. 한국에서 가장 큰 대학생 커뮤니티인 에브리타임 앱은 초기에 시간표 기능이라는 미끼 상품을 제공했다. 대학생 입장에서는 막상 앱을 다운받았을 때 활동하는 유저가 없거나 커뮤니티 기능이 제대로 작동하지 않을 가능성을 생각할 수 있다. 대학생들은 앱을 다운받고 가입하는데 들어가는 시간을 투자한 것이 손실이 될 수도 있다는 의심을 하는 것이다.

그래서 에브리타임은 커뮤니티에 앞서서 이런 손실 의심을 최소화해줄 수 있는 대학생 대부분이 유용하게 활용할 수 있는 시간표 기능을 제공했다. 에브리타임이 시간표 앱을 제공했던 당시에는 앱스토어에 시간표 앱이 거의 없었기 때문에 학생들에게 더 유용했다. 실제로 이 시간표 기능을 이용하려고 수십만 명이 앱을 다운받았고, 수십만 명이 앱의 활성 유저가 되자 그제야 본격적으로 커뮤니티를 활성화하기 시작했던 것이다.

이제 'PART 3. 01 무조건 구매하게 하는 제안의 기술'에서 다루었던 감성주점 사례를 다시 떠올려보자. 돌다리 이론과 미끼 상품 전략을 완벽히 이해했다면 이전에 읽었을 때와는 확연히 다른 관점과 인사이트를 얻게 될 것이다.

나는 실제 감성주점에서 나와 친구의 이성적 가치를 판매하기 위해서 철저하게 전략적으로 움직였다. 가장 먼저 '인지 돌다리'를 구축하기 위해 우리가 눈에 띌 만한 테이블로 이동했고, 그 후에는 일정 시간 동안 일부러 다른 남자 그룹과는 다른 모습을 보였다. 대다수의 남자들이 자신들에게 대시하기 바빴다면, 친구와 나는 여자에게 별로 관심 없다는 태도로 술을 마시면서 대화를 했다. 감성주점에 남자 둘이 와서 딱히 헌팅도 하지 않고 앉아 있다는 것만으로도 어느 정도의 호기심을 만들기에는 충분했다.

그 이후에는 '몰입 돌다리'를 만들어야 했는데 일단 대화할 수 있는 기회가 있지 않으면 몰입 단계로 진입할 수도 없었다는 것을 알았기 때문에 적절한 전략을 구상해야 했다. 그때 사용한 것이 바로 미끼 상품 전략이다.

사실상 이 여성들이 남자들의 대시를 지속해서 거절하는 것은 앞서 이야기한 손실에 대한 두려움 때문이었을 것이다. 여성들이 대시를 받아들였을 때의 손실은 여러 가지가 있겠지만 가장 큰 부분은 이것이라고 추측했다.

'나는 그렇게 가볍고 쉬운 여자 아니야.'

대시를 받아들이면 자신이 가볍고 쉬운 여자로 보여서 자신의 가치가 하락될 수도 있다는 손실에 대한 두려움이다. 아마 이런 여자 그룹의 경우 친구들끼리도 서로 쉬운 여자가 아니라고 하는 방어기제가 있어서 어느 누구도 쉽게 대시를 받아들이자고 제안하지 못했을 가능성이 높다.

그런 손실을 제거해줄 수 있는 확실한 명분이 필요했던 것이다. 그래서 미끼 상품으로 제안한 것이 '일행인 척해준다는 것'이었다. 이 제안은 그들이 생각한 손실을 거의 제거한다. 이 제안을 받아들여도 자신들이 남자와 놀기 위함이 아니라, 단지 자신들의 불편함을 해소하기 위해서라는 명분이 있기 때문에 자신이 가볍고 쉬운 여자로 비칠 수 있는 손실은 크게 없는 것이다.

손실을 제거해주니 예상대로 제안이 받아들여졌고 일행인 척하면서 합석을 할 수 있게 되었다. 그 이후부터는 자연스럽게 대화가 가능해져 '몰입 돌다리'를 튼튼하게 만들 수 있었고, 가장 어려운 돌다리를 건넜으니 그 이후의 돌다리도 크게 어려운 것은 아니었을 것이다.

이처럼 마케팅 기술은 인생에서 다양한 사람들에게 내가 원하는 바를 제안할 때 언제든 사용할 수 있다. 예를 들어 부모님께 자취를 허락받는다고 가정하자. 하지만 그 이전까지 부모님께 신뢰할 수 있는 모습을 보여드린 적이 없다. 매일 술 먹고 집에 늦게 들어오고, 학점은 학사경고를 안 맞으면 다행인 수준으로 대학 생활을 했던 것이다. 분명 자취 이야기를 꺼내면 욕을 먹을 게 분명하다. 이런 상황에서 어떻게 자취를 허락받을 수 있을까?

돌다리 이론과 미끼 상품을 이용하면 된다. 가장 먼저 나를 새롭게 인지시키는 작업이 필요하다. 지금까지 부모님이 인지한 나의 모습이 술 먹고 노는 모습이었다면, 앞으로는 연기로라도 집에서 공부하는 모습을 보이고 착실한 학생의 모습으로 둔갑하면 된다. 그렇게 몇 주간을 지속하다가 한번 정도는 코피를 흘린다거나 하는 부모님이 호기심이 생길 만한 이벤트를 만드는 것도 좋다. 그 이후에는 부모님과 심도 깊은 대화를 하면서 미래에 대한 진취적인 이야기를 건네라. 부모님을 나의 착실하고 성실한 모습에 몰입시키는 것이다.

그 이후 본격적으로 자취에 대한 제안을 시작해라. 그냥 제안하는 것이 아니라 다음 시험을 정말 잘 보고 싶은 욕심이 있는데 통학 시간이 너무 낭비되서 학업에 방해가 된다고 이야기하면 된다. 심지어 구매 욕구를 느끼게 하는 타임어택 전략으로, 시험이 얼마 남지 않아서 최대한 빠르게 자취방에 들어가서 공부에 몰두해야 한다고 이야기하면 된다. 빨리 가지 않으면 시험을 망칠 것 같다고 말이다.

이 정도로도 쉽게 자취 제안이 받아들여질 수 있겠지만 그래도 의심할 가능성이 있다. 제안을 받았을 때 손실이 있을 수 있다고 의심하는 것이다.

'자취방 가서 다시 방탕하게 살 수도 있잖아. 그럼 돈만 아까워.'

이런 부분들이 부모님의 자식에 대한 걱정이며 의심하는 손실인 것이다. 여기서 제안할 수 있는 것은 미끼 상품이다. 저런 손실을 최소화해주기 위해 예를 들어 자취방에 언제든 부모님이 볼 수 있는 CCTV를 설치하겠다고 제안해라. 실시간으로 모니터링할 수 있기 때문에 자취방에 가서 다시 방탕하게 살 수도 있다는 부모님의 손실을 제거하는 것이다.

그렇다고 평생 CCTV를 달고 살 수는 없다. 어디까지나 미끼 상품이니 일단 자취하고 1개월 정도는 모니터링이 가능하도록 하고, 그 이후에는 적절한 명분을 만들어서 CCTV를 내리면 될 일이다.

사실상 이 정도의 노력이면 자취를 포기하거나 진짜 착실한 학생이 되는 편이 낫겠다 생각할 수도 있다. 그 말도 정확하다. 아무리 마케팅을 잘한다고 하더라도 완전히 나쁜 악질적인 상품을 판매하는 것은 한계가 있다. 최소한 평균에 근접하거나 평균 이상의 상품은 어떤 사업이든지 간에 필수적이다.

앞서 예를 보면 알듯이 '돌다리 이론'과 '미끼 상품 전략'은 비단 창업에만 적용되는 기술이 아니다. 두고두고 인생 전반에 걸쳐서 많은 도움이 될 수밖에 없다. 나는 이 기술들을 인생의 치트키와 같은 기술이라고 여긴다. 여러분도 오늘을 기점으로 인생의 여러 가지 경우에 돌다리 이론과 미끼 상품 전략을 활용해 숙련도를 높이면서 무엇이든 판매할 수 있는 창업형 인간으로 거듭나라.

PART 4

치트키 3단계
환경을 이용해 실행하라

01 ― 실행력을 10배 높이는 27가지 동기 설계

창업 필승 공식에 실행력이 들어가 있다는 것은 창업에 있어서 그만큼 실행력이 중요하다는 것이다. 수천 명의 창업가를 만나면서 인성이 나쁜 창업가, 인성이 좋은 창업가, 4차원의 창업가 등등 정말 많은 이들을 만났지만 생각보다 그들의 교집합이 있지 않았다.

하지만 딱 한 가지의 교집합이 있었는데, 바로 실행력이었다. 모든 창업가가 다 가지고 있는 역량이라면 그것은 실행력이다. 그만큼 실행력이라는 것은 창업에 있어서 필수적인 요건이다. 이렇게 실행력이 중요한데 대부분의 사람들은 오해를 한다.

'의지만 있으면 실행을 할 텐데 나는 왜 이렇게 의지가 약하

지?'

마치 본인의 실행력이 어떤 의지나 열정에 의해 나온다고 생각한다. 그리고 스스로 언제든 의지와 마음만 먹으면 실행을 할 수 있는 사람이라고 착각한다.

하지만 실행력은 결코 의지와 열정 따위로부터 나오지 않는다. 그것은 망각시스템 때문인데, 우리가 오늘 동기 부여가 돼서 실행에 대한 엄청난 의지와 열정이 생겼다고 하더라도 그 의지와 열정은 짧으면 하루, 길게는 3일 안에 망각되어 버린다. 그래서 스스로 '마음만 먹으면', '의지만 있으면' 언제든 실행할 수 있다는 착각은 평생 실행력을 갖지 못하게 만드는 한계를 만들기도 한다.

그럼 실행력을 만들기 위해서는 무엇이 필요할까? 첫 번째로는 메타인지를 기반으로 자신의 시스템에 대한 정확한 이해가 필요하다. 자신의 의지와 열정은 망각시스템에 의해 언제든 사라지는 것이므로 의지와 열정만으로는 절대 지속성 있는 실행을 할수 없다는 것을 먼저 인정해야 한다. 아직도 '망각시스템은 무슨! 나는 의지만 있으면 뭐든 다 할 수 있는데 아직 안 하는 것뿐이야'라고 생각한다면, 그것은 자신의 역량을 낮추고 자존심에 상처가 나는 것을 용납하지 않는 방어시스템이 작동해서일 것이다.

사람들이 나에게 최대 무기가 무엇이냐고 물어보면 항상 '실행력'이라고 이야기한다. 적어도 난 실행력 하나만큼은 나보다 훨씬 성공한 사람보다도 뒤처지지 않는다고 생각한다. 하지만 아이러니하게도 난 나의 의지력이 아주 바닥이라는 것을 가장 잘 아는 사람이다. 나라는 기계에는 의지와 열정이 고작 하루 정도 유지되는 시스템이 탑재되어 있다는 것을 잘 알고 있다. 이처럼 의지와 열정으로 실행력이 만들어지지 않는 것을 인정하는 것이 실행력을 만드는 첫 단계이다.

두 번째는 환경을 설계하는 것이다. 환경 설계란, 내 의지가 약해지고 열정이 사라지더라도 어쩔 수 없이 실행할 수밖에 없도록 환경을 만드는 것이다. 그래서 나는 갑자기 의지와 열정이 샘솟을 때 즉각적으로 가장 먼저 환경 설계를 한다. 내일만 돼도 이 열정과 의지가 지속되지 않을 것이라는 것을 누구보다 잘 알기 때문에 내일의 내가 실행할 수밖에 없는 환경을 만드는 것이다.

내가 어떤 행동과 실행을 하기 위해서는 동기가 필요한데, 바로 환경 설계가 그런 동기를 만드는 역할을 한다. 환경 설계를 제대로 하기 위해서는 '접근 동기'와 '회피 동기'에 대해 알아야 한다. 접근 동기는 내가 좋아하는 것을 얻기 위해서 만들어지는 동기를 의미하고, 회피 동기는 내가 싫어하는 것을 피하기 위해서 만들어지는 동기를 의미한다.

접근 동기

장기적인 목표를 달성하기 위해서 사용하면 좋다. 예를 들어 1년 뒤 목표를 정하고, 목표를 달성했을 때 얻게 되는 보상들을 구체적으로 상상하면서 하루라도 더 빨리 그것을 이루기 위해서 열심히 해야겠다는 마음을 먹었을 때 생기는 실행의 동기가 바로 접근 동기다.

접근 동기는 장기적으로 그 목표를 바라보고 장기적인 관점에서의 실행력은 만들어주지만, 지속성 있고 단기적인 실행력을 만들어주지는 못한다. '경제적 자유를 이루겠다'는 목표를 세우면 그것을 이룬 미래를 상상하며 접근 동기가 발동하지만, 그것이 매일같이 꾸준히 실행하게 하는 역할을 하지는 못하는 것과 같다.

회피 동기

단기적인 목표를 달성하기 위해서 사용한다. 예를 들어 내가 극도로 싫어하는 것이 있는데, 오늘 어떤 미션을 안 하면 내일 싫어하는 것을 하게 되는 상황이 온다고 가정해보자. 그때 빨리 미션을 해서 내일 싫어하는 것을 해야 되는 상황을 만들지 말자는 생각이 들면서 실행력이 올라가게 되는데, 이때 생기는 동기가 바로 회피 동기다.

나의 경우 어떤 역량을 만들기 위해서 학습을 해야겠다고 생각하면 가장 먼저 스터디를 만들고 스터디장이 된다. 그리고 내가 스터디장으로서 학습할 내용을 미리 공부해서 스터디 때마다 강의를 하겠다고 약속한다.

이러면 나는 엄청난 회피 동기가 작동해 실행을 하게 된다. 앞서 많이 이야기했듯이 나는 사람들에게 인정받고 싶은 명예욕이 있고, 반대로 당연히 사람들에게 무시당하거나 능력 없는 사람처럼 보이는 것을 극도로 싫어한다. 만약 내가 강의하기로 약속을 해놓고 미리 학습하지 않고 강의도 준비하지 않고 스터디에 간다면 스터디원들은 나를 한심하다는 듯 쳐다볼 것이다. 그런 상황 자체가 싫고 피하고 싶기 때문에 회피 동기가 작동해서 무슨 수를 써서라도 미리 학습을 하고 강의를 준비해서 스터디에 참여하게 되는 것이다. 물론 그 과정 자체에서 엄청난 스트레스를 받게 될 것이다.

하지만 만약 이런 환경을 만들지 않았다면 해당 역량을 학습하고자 하는 의지나 열정이 바로 사라져 지속해서 학습을 실행하지 못했을 것이다. 이렇게 회피 동기를 세팅해서 싫어하는 것을 피하기 위해 실행하도록 하는 방법은 단기적인 목표를 성취하는 데에 활용하기 좋다.

다음 사례를 보면 '접근 동기'와 '회피 동기'의 차이가 정확히 이해될 것이다. '접근 동기'와 '회피 동기'의 차이를 검증해보기 위해 나는 여자친구에게 한 가지 제안을 했다.

"요즘 다이어트가 마음처럼 안 된다고 속상하다고 했었잖아. 너가 만약 한 달 안에 5kg를 감량하면 500만 원을 줄게. 다시 도전해볼래?"

그 이야기를 들은 여자친구는 접근 동기가 발동되어 다이어트에 성공해 그 돈으로 예쁜 옷과 가방을 사겠다며 열정에 불타기 시작했다. 그리고 다음 날 바로 한 달치 다이어트 식단표를 만들어 조절을 시작했다. 그런데 정확히 일주일이 지나자 첫날의 열정과 의지는 온데간데없어지고, 야식으로 치킨을 먹기 시작했다. 접근 동기가 더 이상 작동하지 않은 것이다. 결국 한 달 안에 5kg 감량하기 목표는 실패했다.

그래서 두 번째 제안을 했다.

"이번에도 지난번과 마찬가지로 한 달 안에 5kg를 감량하면 500만 원을 줄게. 그런데 조건이 하나 더 있어. 시작하기 전에 우선 나에게 100만 원을 입금해. 네가 만약 실패하면 이 100만 원은 내가 가질 것이고, 성공하면 이것까지 합쳐서 600만 원을 줄게."

여자친구에게는 한 달 뒤 받게 될 500만 원이라는 접근 동기가 발동됨과 동시에 본인의 생돈 100만 원을 잃기 싫다는 회피 동기도 함께 발동되었다. 이전과의 차이는 단지 회피 동기 추가였다. 이렇게 했더니 매우 스트레스 받는 게 보였지만, 한 달 동안 다이어트 식단표를 지키면서 결국은 5kg 감량에 성공해 총 600만 원을 가져갔다.

이 실험을 통해서 알 수 있었던 것은 '접근 동기'는 결국 장기적 관점에서의 동기 부여는 하지만 단기적인 목표(매일 식단표 지키기)를 이루게 하는 실행력을 만들지는 못한다는 점이었고, 자신의 돈을 잃기 싫어서 생긴 '회피 동기'는 매일같이 움직이게 하는 실행력을 만들어 냈다는 것이다.

접근 동기가 단기적인 실행력을 만들지 못하는 이유는 간단하다. 인간은 3주 뒤에나 얻게 될 500만 원의 돈보다 지금 당장 눈앞에 있는 치킨을 한 입 먹었을 때의 행복을 더 크게 느끼는 존재이기 때문이다. 반대로 회피 동기가 단기적인 실행력을 만드는 이유는, 당장 눈앞에 있는 치킨을 한 입 먹었을 때의 행복보다 100만 원을 잃었을 때 불행을 더 크게 느끼기 때문이다.

사람은 항상 이득보다 손실을 더 크게 여긴다. 월 소득이 600만 원에서 800만 원 되는 것은 크게 기쁘지 않지만, 600만 원에서 400만 원으로 떨어지는 것에는 큰 슬픔을 느낀다. 그래서 접근 동기는 장기적인 목표에 활용하기 적합하고, 회피 동기는 단기적인 하루하루의 목표에 활용하기 적합한 것이다. 이렇게 접근 동기와 회피 동기를 적절하게 활용할 수 있는 환경 설계만 잘해도 실행의 밀도를 높일 수 있고, 그만큼 성장도 빠르게 할 수 있다.

접근 동기와 회피 동기를 잘 활용하기 위해서는 당연히 자신에 대한 정체성이 확립되어 있어야 한다. 자신이 어떤 것들을 싫어하고 어떤 것들을 좋아하는지 정확히 알아야만, 그것에 맞춰 싫어하는 것을 피하려는 회피 동기와 좋아하는 것을 얻으려는 접근 동기를 세팅할 수 있기 때문이다.

단언컨대 이런 환경 설계 없이 의지와 열정만 가지고, 지속성 있는 실행을 만들어 내는 사람은 상위 0.1%도 되지 않을 만큼 드물다. 대부분의 성공한 이들은 자신의 의지와 열정을 믿기보다 환경을 믿는다. 내가 실행할 수밖에 없는 환경을 만들고 그 환경 안에서 성장하는 것이다. 이제부터 빠르게 실행하고 빠르게 성장하길 원한다면 반드시 환경 설계를 해라. 그리고 어쩔 수 없이 할 수밖에 없는 환경을 만들어라.

02 ── 긍정적 스트레스와 각성 상태

앞서 이야기했듯이 싫어하는 것을 피하기 위해서 생기는 회피 동기를 만들면 어쩔 수 없이 실행하는 과정에서 극심한 스트레스를 받을 수 있다. 스트레스를 받지만 강제적으로 실행할 수 있게 되고 그만큼 밀도 높게 성장하는 것도 가능하다.

이렇게 자신을 성장시켜주는 스트레스를 '긍정적 스트레스'라고 한다. 긍정적 스트레스는 단기적으로는 행복에 마이너스처럼 느낄 수 있지만, 장기적으로는 성장하게 되고 더 큰 행복을 플러스 할 수 있기 때문에 긍정적 스트레스라고 이야기하는 것이다. 나는 1년에 의도적으로 5회 이상 긍정적 스트레스를 받는 환경을 만든다. 발표 자리에 나가 발표하는 일정을 일부러 잡는다거나, 어떤 목표 달성을 조건으로 돈을 걸거나, 내가 해야 하는 일의 마감기한을 타이트하게 잡는 등의 행위로 긍정적 스트레스를 받지만 무조건 성장할 수 있는 기회를 여러 번 만드는 것이다.

대부분의 사람들은 스트레스 받는 환경을 스스로 만든다는 것에 엄청난 거부감을 가진다. 그래서 아마 이 책을 읽고 있는 사람 중 대부분은 스스로 의도적인 스트레스를 만들어본 경험조차 없을 것이다. 예를 들어 앞선 다이어트 사례에서 여자친구에게 회피 동기를 부여하기 위해 100만 원을 내라고 제안했을 때, 처음에는 큰 거부감을 보였다.

"내 돈을 낼 거면 안 하지. 그렇게까지 스트레스 받으면서 다이어트 하고 싶지 않아."

물론 논리적으로 설득해 결국 실험에 참여하게 했지만, 그녀의 첫 반응은 긍정적 스트레스를 거부하는 것이었다.

아마 대다수의 사람들도 동일한 반응을 보였을 것이다. 많은 사람들이 스트레스 없이 즐겁게 성장하길 원한다. 하지만 정말 아쉽게도 '즐겁게'와 '빠른 성장'은 절대 함께할 수 없다. 긍정적 스트레스를 이용하면 3개월 만에 만들 수 있는 역량도 즐겁게 성장하려는 사람에게는 3년이라는 시간이 걸릴 것이다. 그렇다면, 왜 즐겁게 하면 천천히 성장하고, 꼭 스트레스 상황에 놓여야만 빠르고 밀도 높게 성장하는 것일까?

왜냐하면 극한의 스트레스 상황이 내 역량의 최대치를 발휘하는 '각성 상태'를 만들어주기 때문이다. 예를 들어 만화 〈드래곤볼〉에서 손오공이 언제 초사이언 모드가 되는지 기억을 하는가? 동료가 위험에 처했거나 싸움에서 거의 져서 위태로울 때, 내 역량 밖의 것을 꼭 해내야 하는 상황이 왔을 때 극한의 스트레스를 받으면서 각성 상태인 초사이언 모드가 된다.

이런 스토리는 영화나 드라마에서도 자주 나오는 이야기다. 주인공이 적과 싸우다가 가망이 없다고 생각되는 극한의 스트레스 상황에서, 가장 소중한 사람의 얼굴이 떠올라 각성 상태가 되면서 결국 싸움에서 이기는 장면은 이미 클리셰가 된 지 오래다. 이처럼 극한의 스트레스 상황은, 우리가 최대치의 역량을 발휘할 수 있는 각성 상태로 만들어준다.

각성 상태에서 최대치의 역량을 발휘하면 역량을 한 단계 향상시킬 수 있다. 더 무거운 무게를 들기 위해 근육을 키우는 원리와 동일하다. 지금 내가 들 수 있는 벤치 프레스 최대치의 무게보다 한 단계 더 무거운 무게를 들기 위해서는 어떻게 해야 할까? 딱 한 번만 들 수 있을지라도 내가 들 수 있는 최대치의 무게를 드는 게 중요하다. 최대치의 무게를 들어서 근육에 극한의 스트레스를 주었을 때 근육은 각성 상태가 되고, 그런 최대치의 무게를 여러 번 들어 각성 상태를 지속해서 발현하다 보면 자연스럽게 근육이 성장해 그 최대치의 무게에 익숙해진다. 그리고 그 이후에는 한 단계 더 무거운 무게를 들 수 있게 되는 것이다. 이처럼 각성 상태를 자주 발현하다 보면 자신이 가진 역량의 최대치가 성장하게 되는 것이다.

아마 살면서 한 번쯤은 극한의 스트레스 상황에서 각성 상태가 되어 단기간 내에 엄청나게 빠른 성장을 했던 경험이 분명 있을 것이다. 예를 들어 시험 하루 전날 벼락치기를 할 때 극한의 스트레스를 받으면서도 극한의 학습 효율을 내는 각성 상태가 된다. 그리고 평소라면 1주일이 걸릴 학습량을 하루 만에 소화해내기도 한다. 이런 것이 긍정적 스트레스로 인해 각성 상태가 되어 엄청나게 빠르게 성장을 해낸 사례라고 볼 수 있다.

당신이 진정으로 창업형 인간이 되고 싶거나, 빠르고 밀도 있게 성장하고 싶다면 의도적으로 긍정적 스트레스를 만들고 자신을 여러 번 각성 상태로 만들어야 한다. '긍정적 스트레스'는 팀 페리스의 《나는 4시간만 일한다》에서 언급된 용어로, 책에서는 '긍정적 스트레스를 더 많이 만들어서 우리 인생에 적용할수록 꿈을 더 빨리 이룰 수 있다'고 이야기한다.

대부분의 사람들이 가진 스트레스를 피하고자 하는 본능은 인간의 방어시스템 때문이다. 정신적으로 해가 된다고 인지하기 때문에 무조건 피하려고 드는 것이다. 하지만 앞서 이야기했듯이 방어시스템은 미래의 플러스 요인까지 고려하지 못한다. 차라리 지금 약간의 스트레스를 감수하면서 빠르게 성장하는 게 미래에 더 큰 행복을 가져다 준다는 것을 인지하지 못하는 것이다.

만약 지금까지 의도적으로 스트레스를 만든 경험을 한 적이 없다면 앞으로는 스스로 의도적으로 스트레스 받는 환경과 상황을 설계해야 한다. 최소 1년에 5회 이상의 긍정적 스트레스 상황을 설계하고 5회 이상의 각성 상태를 만든다면 1년 뒤에는 엄청나게 성장해 있는 자신을 발견할 수 있을 것이다. 그리고 결국은 그것이 당신의 행복 총량을 더 높이는 일이 될 것이다. 잠깐의 안주에 대한 행복보다 성장해서 쟁취해내는 행복이 결국은 더 큰 행복이기 때문이다.

03 ── 경쟁자들보다 경쟁 우위에 설 수 있는 법 : 조금의 적극성

2년 전에 대학교에서 초빙 강사로 3학점짜리 프로그래밍 수업을 맡아 강의를 진행한 적이 있다. 그때 당시 끊임없이 질문하며 나를 꾸준히 괴롭히던 학생이 있었다. 이렇게 매번 질문하는 학생을 보면서 내가 대학교에 다닐 때가 떠올랐다.

앞서 프롤로그에서 이야기했듯이 나의 대학교 생활 첫 1년은 암흑 그 차제였다. 발표 공포증에 모든 과제를 포기해야 했고 같이 밥 먹을 사람이 없어서 아무도 없는 강의실을 찾아 혼자 간단하게 끼니를 때워야 했다. 심지어 가장 많은 시간을 보내는 집에서조차, 공부는커녕 매일같이 게임만 하던 히키코모리였기 때문에 당연히 2점대의 학점을 기록했다.

그렇게 1학년을 마치고 도망치듯 군 입대를 결정했고, 1년 10 개월의 군 생활 동안 수많은 책을 읽고 일기를 쓰면서 그제야 본격적인 자기 성찰의 시간을 가질 수 있었다. 그 이후 내 대학생활은 이전과 180도 달라졌다.

2학년이 된 나는 교수님을 정말 꾸준히 괴롭히는 학생이 되었다. 수업 내용과 성적에 조금이라도 의아한 게 있으면 망설임 없이 메일을 보내거나 면담 요청을 하였다.

재미있는 것은 이렇게 교수님을 괴롭혀서 얻어낸 것들이 정말 많다는 것이다. 교수님이 먼저 내게 개인 학습 공간을 만들어주고 싶다고 하시면서 연구실에 들어오지 않겠냐는 제안을 주셨다. 3년간 연구실에 있는 동안 사소한 잡일이나 심부름을 한 번도 시키지 않으셨고, 결국 그곳에서 공부에만 집중할 수 있었다.

또 성적을 몇 번이나 정정해서 올릴 수 있었다. 대학교 시험은 채점이 부정확한 경우가 생각보다 많다. 조교가 채점을 해서 일 수도 있고, 교수님이 꼼꼼히 채점하지 않아서 일 수도 있다. 그래서 성적에 의문이 들면 매번 찾아갔고 실수를 수정해서 몇 번이나 점수를 올렸다.

뿐만 아니라 시험에 대한 핵심 힌트를 얻을 수 있었다. 공개적으로 이야기해 주시는 시험 범위 외에도 교수님께 직접 1:1로 질문을 하면 시험 문제들에 대해 언질을 주신다. 최소한 시험에 나오지 않을 엉뚱한 부분에 대해 물어보면 '이건 안 나올 거야' 정도는 대부분 답변해 주셨다.

난 단지 내 동기들보다 '조금의 적극성'을 더 가지고 행동했을 뿐인데, 이미 동기들보다 훨씬 더 많은 혜택을 얻었을 뿐만 아니라, 시험이라는 게임에서 경쟁 우위에 설 수 있는 고급 정보까지 얻을 수 있었다.

난 대학 생활을 할 때도 프리랜서로 일하고 있었기 때문에 시험공부에 시간을 매우 적게 할애하는 편이었다. 항상 시험 일주일 전부터 공부했지만 그래도 매번 장학금을 받고 과탑을 여러 번 할 수 있었다. 그건 바로 내가 가진 '조금의 적극성'이라는 무기로 경쟁 우위에 설 수 있었기 때문이다.

다른 일화로 내가 20대 초반에 돈도 없고 프리랜서를 할 능력도 안 될 때가 있었다. 개발 능력을 키우기 위해서 여러 기관에서 무료 교육을 해주는 다양한 프로그램에 지원을 했었다. 아무런 스펙이 없었기 때문에 항상 탈락했는데, 탈락하면 항상 바로 그 교육기관에 전화해서 '혹시라도 취소하는 사람 있으면 연락을 달라. 난 꼭 참여하고 싶다'라고 이야기했다.

그리고 재미있는 건 매번 교육을 포기하거나 취소하는 사람이 있었고, 항상 내가 1순위로 추가 선발되어 교육을 받을 수 있었다. 그렇게 여러 교육을 받으면서 대학생 때부터 프리랜서로 일할 정도의 실력을 만들 수 있었던 것이다.

이렇게 '조금의 적극성'만으로 내가 추가적으로 얻게 된 기회들을 나열하자면 끝이 없을 정도로 많다. 나의 사례처럼 '조금의 적극성'은 쌓이면 쌓일수록 인생에서 큰 차이를 만들어 낸다.

앞서 나를 괴롭히면서 꾸준히 질문하는 학생과 나를 괴롭히지 않는 학생은 조금씩 차이가 벌어져 장기적으로는 성장에 큰 차이가 날 것이다. 나를 괴롭히는 학생은 대학 생활에서 뿐만 아니라 다른 모든 일에 적극성이 높을 것이며, 그 점이 대부분의 경쟁자들보다 한 단계 더 앞선 경쟁 우위를 만들어 줄 것이기 때문이다.

그렇게 적극성을 이용해 여러 게임에서 승자가 되면 10년 뒤의 미래를 봤을 때 최대 10배 이상의 소득 차이로 이어질 수 있다. 내가 말하고자 하는 것은 여러분에게 유별난 적극성을 가지라는 것이 아니다. 단지 주변 사람들보다 딱 한 번만 더 적극적이더라도 수많은 기회들을 마주할 수 있음을 말하고 싶은 것이다. 그러니 '조금의 적극성'을 가지고 모든 일에 임해라. 주변 사람보다 딱 한 발만 더 적극적인 마인드를 가지면 그것은 스노볼이 되어 장기적으로 큰 성과로 이어지게 될 것이다.

04 ─ 공식을 알면 운도 만들 수 있다

운에 대해서 보다 통찰력을 가질 필요가 있다. 성공한 사람들은 자신의 성공 이유를 운이 좋았다고 겸손하게 말하곤 한다. 운이 없었다면 성공할 수 없었다는 것이다. 그들의 말이 사실일까? 정말 단지 그들은 운이 좋아서 성공할 수 있었던 것일까?

만약 지금까지 '저 사람은 운이 좋아서 성공한 거면서 왜 이렇게 유세를 떨지? 나도 운만 좋았으면 저렇게 될 수 있었는데'라는 생각을 단 한번이라도 했다면, 그것은 운에 대해 잘못 이해하고 있다는 의미다.

결과적으로는 그들의 성공에 운이 작용했다는 점도 동의하지만, 더욱 중요한 것은 그들은 운을 높이는 수학적 원리를 알고 있었다는 사실이다.

예를 들어 한 상자에 공이 6개가 들어 있는데 그중에 하나가 당첨 공이라고 가정해보자. 내가 만약 그 상자에서 한 번만 공을 뽑는다면 당첨될 확률은 얼마나 될까? 약 16% 정도일 것이다. 높지 않은 확률이다. 만약 당첨 공을 한 번에 뽑았다면 스스로 운이 좋았다고 생각할 것이고, 당첨공이 나오지 않았다면 운이 나빴다고 생각할 것이다.

당신에게 만약 공을 뽑을 수 있는 3번의 기회가 있다면 당첨 공을 뽑을 확률은 몇이나 될까? 대략적으로 34%가 된다. 당첨 확률이 거의 2배로 높아지는데, 이것은 수학에서 독립시행을 이해하면 충분히 알 수 있는 내용이다. 그럼 만약 공을 20번 뽑을 수 있는 기회가 있다면, 단 한 번이라도 당첨 공을 뽑을 가능성은 몇 퍼센트일까? 거의 95%가 넘는 확률로 한 번 이상은 당첨 공을 뽑을 수 있을 것이다.

만약 95%의 확률로 당첨 공을 얻을 수 있는 비법이 있다면 당신은 그 방법을 쓸 것인가? 여기서 비법이 뭘까? 간단하다. 공을 20번 이상 뽑으면 된다. 20번 이상 공을 뽑으면 당첨 공이 한 번이라도 나올 확률이 95%에 육박하게 된다. 결국 몇 번 공을 뽑느냐에 따라서 한 번 이상 당첨 공을 뽑을 확률을 말도 안 되게 높일 수 있다.

성공한 사람들은 스스로 운이 좋았다고 이야기하지만, 그들은 이런 수학적 원리를 알고 있다. 지속해서 여러 번 실행하고 실험하고 도전하면 결국은 한 번이라도 성공할 가능성이 99%까지 올라간다는 것을 말이다.

창업형 인간에게는 딱 한 번의 성공이 필요하다. 여러 번 실험에서 실패하더라도 결국 단 한 번의 성공이면 막대한 부를 이루고 경제적 자유를 달성할 수 있다. 리스크 없이 실험하는 창업형 인간에게 실패란, 망함을 의미하는 것이 아닌 경험 데이터를 얻는 과정이기 때문에 여러 번의 실패를 하더라도 전혀 마이너스가 되지 않고 문제가 되지도 않는다. 여러 번 실패하다가 딱 한 번 성공하면 될 뿐이다.

평범한 이들은 이런 공식을 모른다. 그저 '그들은 운이 좋았을 뿐이야'라고 시기와 질투를 할뿐 스스로 운을 높일 생각을 하지 않는다. 반복적으로 지속된 실행과 실험을 하면 무조건 당첨 공을 한 번은 뽑게 될 수밖에 없다는 사실을 알지 못하는 것이다.

운에 대한 수학적 원리를 깨달았는가? 당신도 수십 번의 실험을 반복하고 단 한 번의 성공을 경험한 이후에는 주변 사람들에게 이렇게 말하게 될 것이다.

"난 운이 좋아서 성공한 거야."

05 작용 반작용의 법칙

작용 반작용의 물리 법칙을 누구나 다 알 것이다. 어떤 작용이 가해질 땐 항상 그에 따른 반작용이 발생한다는 물리 법칙이다. 반대로, 아무런 작용도 가하지 않으면 그에 대한 어떤 반작용도 발생하지 않는다는 것을 의미하기도 한다.

작용 반작용의 법칙은 인생을 살아가는데 항상 인지하고 있어야 할 물리 법칙이다. 만약 여러분이 이 책을 통해서 학습한 내용을 단순히 머릿속에만 담아두고 세상에 어떤 작용도 가하지 않는다면, 단언컨대 어떤 반작용도 발생하지 않을 것이다. 아무런 성과도 변화도 얻지 못할 것이다.

만약 진정 당신 자신과 지금 사는 세상이 변화하길 간절히 원한다면 세상에 지속적으로 물리적 작용을 가해야 한다. 그런 물리적 작용들은 필연적으로 반작용을 발생시킬 것이고, 그런 반작용들이 쌓여서 당신의 삶을 변화시키는 것이다.

병아리가 알을 깨고 나가려면 어떻게 해야 할까? 머릿속으로 '알에서 나가야지'라고 수백 번 생각해봐야 달라지는 건 없다. 수백 번 움직이고 벽을 두드리는 시도를 해야만 한다. 그렇게 수백 번 움직이는 시도를 하고 벽에 지속해서 작용을 가했을 때 그에 대한 반작용으로 껍질에 금이 가고 알이 깨져서 나갈 수 있다.

어쩌면 당신은 지금까지 머릿속으로만 알에서 나가야지라고 생각하며 어떤 실행도 하지 않는 병아리와 크게 다르지 않았을 것이다. 행동은 하지 않고 머릿속에서만 상상의 나래를 펼치면서, 미래에 경제적 자유를 얻고 인생의 변화와 성과가 생길 것이라고 허황된 꿈을 꾸고 있었을 가능성이 높다.

어떻게 보면 당신의 현재 위치와 소득 등의 모든 모습은 당신이 지금까지 세상을 살아오면서 세상에 가했던 모든 작용에 대한 반작용의 합이라고 볼 수 있다. 만약 지금 모습과 소득이 만족스럽지 못하다면 당신은 지금까지 세상에 별다른 작용을 가하지 않았다는 것을 의미한다. 그냥 물 흘러가듯이 살아왔던 것이다.

하지만 1년 뒤 당신의 위치와 모습 그리고 소득은, 지금부터 1년간 당신이 세상에 가할 작용에 따른 모든 반작용의 총합으로 나타날 것이다. 만약 지금과 다른 1년 후의 모습을 기대한다면, 당장 행동해서 세상에 끊임없이 작용을 가해야만 한다.

본격적으로 새로운 도전과 실행을 하게 되면 자연스럽게 다양한 저항들을 마주하게 된다. 부모님의 반대, 친구들의 우려와 같은 사회적 저항을 마주하기도 하며, 평소보다 많은 에너지 사용으로 피로에 의한 육체적 저항을 느끼기도 하고, 많은 사람들에게 거절당하며 멘탈이 깨지는 등 정신적 저항을 겪기도 한다.

　이런 저항들을 마주하게 되는 것은 당연하다. 내가 지금까지 살아온 인생에는 관성(원래의 상태를 유지하려는 물체의 성질, 변화를 주려고 할 때 저항하려는 물체의 속성)이 존재한다. 지금까지 주변과 다르지 않게 튀지 않으면서 보편적인 방식으로 살아왔던 삶의 방식에 대한 관성이 있다.

물체의 변화에 저항하는 관성의 법칙처럼 인생도 동일한 법칙이 적용된다. 그래서 기존 삶의 방식을 깨고 나오려고 할 때 관성이 작용하여 주변의 모든 것들이 내가 다시 기존 삶의 방식으로 돌아가도록 저항을 하게 된다.

문제는 대다수가 결국 관성을 이기지 못하고 저항에 굴복해 제자리로 돌아가게 된다는 것이다. 이 글을 읽은 여러분도 지금까지 변화하기 위해 새로운 도전을 하고 결국 다시 원점으로 돌아오게 되는 경험들을 무수히 많이 했을 것이다.

그럼 이런 저항을 이겨내고 지속성 있는 변화를 만들기 위해서는 어떻게 해야 할까?

첫 번째는 이미 앞서 세계관 이론에서 이야기했듯이 저항이 발생할 만한 환경들을 차단하는 것이다. 쉽게 이야기하면 나의 변화를 달가워하지 않고 저항을 만드는 모든 사람(부모, 친구 모두 포함)과 더는 교류하지 않는 환경을 만드는 등의 시도를 하면 된다. 이미 앞서 다룬 내용이므로 더 길게 언급하지 않겠다.

두 번째는 저항에 대한 관점을 변화시키는 것이 가장 중요하다. 우리가 저항을 이기지 못하고 결국 원점으로 돌아갈 수밖에 없는 가장 큰 이유는 노력에 대한 성과가 빠르게 보이지 않기 때문이다. 아무리 저항이 거세더라도 바로바로 눈앞에 성과들이 보인다면 포기하지 않고 지속해서 전진할 수 있었겠지만 우리가 원하는 '큰 성과'라는 것들은 대부분 어느 임계치를 넘어야만 얻게 되어 있다. '난 분명 죽을 만큼 노력하고 새롭게 도전하고 있는데 왜 이렇게 성과가 안 나오지?'라는 생각을 하게 되며, '내가 정말 성장하고 있는 것이 맞긴 한가? 그냥 삽질하고 있는 건 아닌가?'라는 의문까지 만들게 된다.

만약 게임처럼 내 경험치나 레벨이 상승하는 것들을 시각적으로 볼 수 있다면 그 지표들의 성장을 보면서 '내가 성장하고 있는 건 맞나?'라는 의심을 확실히 없앨 수 있겠지만, 앞서 이야기했 듯이 아쉽게도 인생에서는 내 경험치나 레벨을 누구도 수치화해 서 알려주지 않는다. 그래서 인생에서도 게임처럼 경험치나 레벨 의 성장을 시각화할 수 있는 지표를 하나 제시하겠다. 바로 '저항 의 크기(저항력)'를 나의 경험치 지표로 활용하는 방법이다.

오늘 어떤 저항들을 마주했는지 매일 적어보자. 그 메모가 많 아지면 많아질수록 저항의 크기가 커진다는 것이고 그만큼 경험 치가 빠르게 상승하고 있다는 것을 의미한다.

이것 또한 물리 법칙으로 이야기하면 이해하기 쉽다. 어떤 무 거운 물체(냉장고, 수납장 등)를 힘으로 밀어서 이동시켜야 하는 상황을 떠올려보자. 물체를 움직이기 위해 힘을 가하기 시작하면 처음에는 물체가 전혀 움직이지 않는다. 내가 가하는 힘의 크기 만큼 동일하게 정지 마찰력이 커지기 때문이다.

하지만 물체가 처음에는 움직이지 않더라도 지속해서 힘을 더 많이 가하게 되면 일정 수준의 힘을 넘어가는 순간 물체가 움직이기 시작한다. 내 힘의 크기가 물체의 최대 정지 마찰력을 넘어섰기 때문이다. 최대 정지 마찰력을 넘어서서 물체가 일단 움직이기 시작하면, 마찰력의 크기는 대폭 작아지고 작아진 상태로 유지되어 이후에는 물체를 더 쉽게 움직일 수 있게 된다.

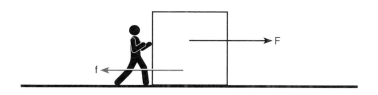

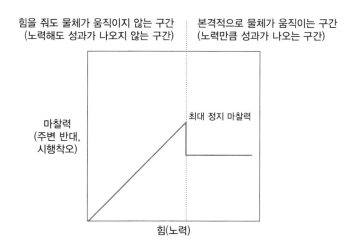

물체를 움직이는데 적용되는 물리 법칙은 인생에도 동일하게 적용된다. 당신의 삶을 움직이고 변화시키기 위해 더 많은 노력(힘)을 더 많이 가하면 가할수록 주변인의 우려, 반대(정지 마찰력)도 지속해서 커지게 된다. 힘을 계속 더 가해 보지만 물체가 꿈쩍도 하지 않는 상황은, 지속해서 노력을 하는데 오히려 저항만 강해지고 당장에 '큰 성과'가 나오지 않는 인생과도 같다. 대부분은 이 시점에서 포기하게 된다. 분명 최대 정지 마찰력에 점차 다가가고 있고 물체가 움직이는 것이 목전에 있지만, 그런 상황을 알 리가 없으니 포기하게 되는 것이다.

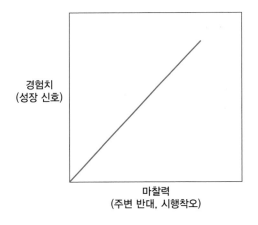

앞으로 저항이 거세지고 성과 또한 보이지 않는 상황에 마주한다면, 노트를 꺼내 들어 저항을 적기 시작해라. 저항이 강해지는 것은 여러분의 경험치가 빠르게 성장하고 있음을 의미하며, 최대

정지 마찰력을 넘어서기 직전에 있음을 의미한다. 최대 정지 마찰력을 넘어서는 순간 물체가 움직이기 시작하는 것처럼, 노력이 특정 임계치를 넘어서는 순간 분명 성과는 따라오게 되어 있다. 그리고 노력이 최대 정지 마찰력을 넘어서서 성과가 나오기 시작하는 순간, 나를 괴롭히던 저항(주변인들의 반대, 정신적 고통 등)은 오히려 대폭 작아질 것이다.

- 부모님이 내가 하는 새로운 도전에 더 적극적으로 반대하기 시작했다? → 경험치 +1
- 주변 친구들이 그게 되겠냐며 더 강력하게 비난하기 시작했다? → 경험치 +1
- 파트너 제안을 했지만 잡상인 취급받으며 거절당했다? → 경험치 +1
  …

이렇게 모든 저항들을 게임 이론에 따라 긍정적인 지표(경험치, 레벨업 등)로 카운팅해라. 성과나 결과가 나오기 전까지는 본인의 노력에 대한 정도와 성장 여부를 측정하기 어렵기 때문에 포기하기 쉽지만, 저항을 내가 성장하고 있는가에 대한 지표로 활용하기 시작한다면 이야기는 달라진다.

저항에 대한 관점을 바꾸면 주변의 만류, 반대, 우려 같은 모든 것들에 대해 오히려 기뻐하게 될 것이다. 나와 비슷한 세상을 살아왔던 주변인에게서 오는 강한 저항력은, 오히려 내가 틀을 깨고 세트장 밖으로 나와 더 빠르게 전진하고 있다는 것에 대한 가장 확실한 신호이기 때문이다.

반대로 인생에 어떤 저항도 없다면 노력의 크기가 크지 않고 경험치 성장도 없다는 것을 의미한다. 아무런 시련과 저항 없이 평탄한 삶을 살고 있다면, 내가 정말 노력을 해왔는가에 대해 고민해볼 필요가 있다.

07

평범한 동수저가 가장 성공 확률이 낮은 이유

　나는 흙수저, 동수저, 금수저 중에 가장 성공하기 힘든 수저가 바로 동수저라고 생각한다. 성공에 대한 큰 동기를 얻기 힘든 환경이기 때문이다. 흙수저들은 기본적으로 생존에 대한 위협과 결핍이 있다. 그래서 본능적으로 의식주를 해결하기 위한 동기가 만들어진다. 쉽게 말해, 의도적으로 회피 동기를 만들지 않아도 의식주를 해결하지 못하는 상황에서 벗어나고 싶어 하는 회피 동기가 자동으로 만들어진다는 의미다. 회피 동기는 앞서 이야기했듯이 성장할 수 있는 긍정적 스트레스를 만들고 밀도 높은 성장의 기회를 제공한다.

　어려운 흙수저 시절을 거치고 목표를 달성한 창업가들은, 실제로 강력한 회피 동기를 느꼈기 때문에 피나는 노력을 했고 그로 인해 성공한 경우들이 많았다. 물론 모든 흙수저들이 그럴 수 있다는 것은 아니다. 가장 중요한 것은 '노력의 방향'이기 때문이다. 정말 큰 성과를 낼 수 있는 것에 투입을 해야만 성공이라는 결과를 얻을 수 있다.

반대로 금수저의 경우에는 결핍에 의한 회피 동기가 쉽게 발현되지는 않는다. 단, 금수저는 돈의 제약이 없기 때문에 세상의 다양한 것들을 보다 자유롭게 체험해볼 수도 있고, 세계관이 넓은 부모님 또는 친구라는 환경에서 자라기 때문에 자연스럽게 세계관 자체를 확장시킬 수 있다. 또한 돈이라는 가치를 우선적으로 추구하지 않기 때문에 다른 사람들보다 더 빠르게 행복 가치에 대한 성찰을 시작할 수 있다. 앞서 유대인의 사례처럼 대부분 성인이 됐을 때는 이미 정체성을 확립하고 넓은 세계관을 가진 상태가 된다.

결국 정체성 확립과 넓은 세계관을 가지고 자신의 행복 가치 실현을 위한 일을 찾게 되는데, 1차원적 쾌락은 언제든 취할 수 있는 여건이 되기 때문에 결국 2차원적(사회적) 쾌락을 충족하기 위한 일을 하게 된다. 그것이 사업이 될 가능성이 매우 높다. 사업이야말로 많은 사람들에게 가치를 제공하고 영향력을 행사해 2차원적 쾌락을 더 많이 충족시킬 수 있는 일이기 때문이다. 정체성 확립이 되었기 때문에 사업을 목표로 정한 이후에는 자발적으로 회피 동기를 만들고, 긍정적 스트레스를 받으면서 각성 상태로 빠르게 성장하게 될 것이다. 이처럼 흙수저와 금수저는 나름의 성공에 대한 동기가 만들어지거나 스스로 만들 수 있는 환경 안에 있다.

반대로 동수저는 애매하다. 결핍이 있지 않지만 그렇다고 여유가 있지도 않다. 그래서 금수저처럼 세상의 많은 것들을 사전에 경험할 기회가 많지 않아서 딱히 세계관 자체가 확장될 일도 없다. 돈에 대한 제약이 아주 없는 것도 아니기 때문에, 돈에 대한 욕망은 있으나 크지는 않다. 이런 동수저는 결핍을 통해 자연 발현되는 회피 동기도 없을 뿐만 아니라, 스스로 회피 동기를 설계할 정도의 정체성을 확립하지도 않은 상태인 것이다.

정규분포에 따라 당연히 이 책을 읽는 절대 다수는 동수저가 많을 것이다. 결핍이 크지도 않고 그렇다고 세상의 많은 것들을 경험할 기회가 있었던 것도 아닌, 이도 저도 아닌 사람 말이다. 나 또한 동수저였기에 누구보다 잘 안다. 사람들은 나에게 변화의 계기가 되었던 큰 사건이 무엇이냐고 묻지만, 난 사실 어떤 큰 사건을 계기로 변화하지 않았다. 그저 점진적으로 자기 성찰을 통해서 정체성을 확립했고, 세계관을 넓혀가다 보니 지금까지 오게 된 것일 뿐이다.

나도 동수저였기에 내가 걸어온 길이 어쩌면 동수저에게 가장 알맞은 길잡이가 될 것이라고 생각한다. 창업형 인간이 되기 위한 모든 방법론들과 기술들을 단지 읽는 것에 그치는 것이 아니라, 쓰고 직접 실행해보면서 습득해 자신의 것으로 체화시킨다면 가장 성공하기 힘든 동수저도 분명 최소한 나만큼의 성과는 만들어 낼 수 있다.

가장 이상적인 구조는 사실 금수저다. 상대적으로 매우 빠르게 정체성을 확립하고 행복 가치를 위한 삶을 살 수 있기 때문이다. 반면에 흙수저도 결핍에 의한 회피 동기로 앞만 보며 성장해 어느 정도 성과를 낼 수는 있지만, 어느 순간 의도치 않게 나쁜 길에 빠질 수도 있다. 그 이유는 스스로 의도적으로 설계한 회피 동기가 아니라 환경에 의해 강제적으로 발현된 회피 동기를 엔진 삼아 성장했기 때문이다. 그 과정에서 정체성을 확립하지 않고 성과를 달성했을 수도 있고, 또 세계관의 크기도 넓히지 못한 상태로 일시적인 성과를 달성했을 수도 있다. 그래서 단순히 돈이라는 것 자체에 집착하게 될 수도 있다. 또는 어렸을 때 가장 크게 결핍이 있었던 1차원적 쾌락을 충족시키기 위해 마약이나 폭식 등을 일삼을 수도 있다.

만약 결핍에 의한 강제적 회피 동기를 엔진 삼아 성장한 이들이 있다면, 마찬가지로 이 책에서 이야기하는 창업형 인간이 되라고 이야기하고 싶다. 창업형 인간이 되어 정체성을 확립하고, 진짜 행복이 단순히 1차원적 쾌락에만 국한되지 않는다는 것을 이해하면 분명 장기적으로 더 행복한 삶을 살 수 있을 것이다.

08 끌어당김 법칙의 논리적 증명

끌어당김의 법칙에 대해 들어봤는가? '강력하게 믿으면 온 우주가 도와 결국 이뤄진다'는 주장이다. 처음에는 이 주장이 허무맹랑하다고 생각했지만 지금은 나름의 일리가 있다고 본다. 끌어당김의 법칙과 같은 맥락으로 '원하는 목표를 매일같이 노트에 백 번 적으면 그 목표가 이루어진다'는 주장도 마찬가지로 일리가 있다.

단지 그들의 주장에 대한 근거가 논리적이지 않기 때문에 많은 사람들로부터 오해를 만들었을 뿐이다. 이들의 주장처럼 강력하게 믿거나 이루고자 하는 바를 매일 적으면서 스스로 세뇌시키면, 그 목표를 이루게 될 가능성이 높아지는 것은 틀림이 없다.

끌어당김 법칙의 원리는 사실 종교를 강력하게 믿었을 때 성공 가능성을 높일 수 있는 것과 같은 원리이다. 나는 무신론자이지만 종교를 믿는 이들이 오히려 부러울 때가 많다. 종교에 독실한 이들은 전지전능한 신이 존재한다는 믿음을 가지고 있다. 이런 전지전능한 신적인 존재에 대한 믿음은 모든 실패를 극복할 수 있는 강력한 명분을 만들어준다.

그들은 어떤 도전의 과정에서 겪는 모든 시행착오와 실패의 경험들을 모두 신이 일부러 주는 하나의 테스트라고 믿는다. 그리고 그 테스트 과정을 극복했을 때에는 반드시 좋은 결과를 얻게 해줄 것이라는 믿음이 있다.

어떤 실패와 시행착오에도 지속해서 도전한다면 전지전능한 신이 분명 보상을 할 것이라는 강력한 믿음은, 포기하지 않고 도전할 수 있는 용기와 확실한 동기를 준다. 실제로 주변에 독실한 종교를 가진 사업가들을 보면, 이런 믿음의 힘을 빌려서 실패에도 크게 낙담하지 않고 지속적으로 도전하여 결국은 성과를 낸 경우들이 적지 않다.

끌어당김의 법칙도 종교를 믿었을 때의 원리와 크게 다르지 않다. 스스로가 이루고자 하는 바를 강력하게 믿으면 크게 2가지 효과를 얻을 수 있다.

1. 자신의 세계관을 확장할 수 있다.

목표 달성에 대한 강력한 믿음은 내가 마치 이미 그 목표를 이룬 상태에 다다른 것처럼 내 사고와 시야를 확장시킨다. 성공한 사람들의 영상이나 책 등을 보면 '나도 할 수 있을 것 같은데?'라는 가능성을 느낄 것이다. 이때, 일시적으로 세계관이 확장될 수 있다.

강력한 믿음으로 인해 세계관이 확장되면 당연히 내 자원 활용에 엄청난 효율화가 가능해진다. 더 큰 성과를 만들 수 있는 사건을 분별하여 자신의 자원을 투자하게 될 뿐만 아니라, 과거에는 스스로 할 수 없는 어려운 일이라고 규정했던 것들까지도 할 수 있다고 믿게 되는 등 도전과 실행의 범주가 확장되기도 한다. 이것만으로도 실제 성공 가능성을 대폭 올리는 역할을 한다.

2. 세상에 많은 작용을 가하게 된다.

작용 반작용의 법칙에서 이야기했듯이 세상에 어떤 작용을 가하기만 해도 그에 대한 반작용(기회)은 항상 따라오게 되어 있다. 예를 들어, 강력한 믿음을 가지게 된 후 주변 사람들에게 자신의 목표에 대해 이야기하며 '이 목표는 분명 이뤄질 것'이라고 선언했다고 가정하자. 주변 사람에게 목표를 선언하는 작용을 가하게 되면 크게 2가지 반응을 얻을 수 있다.

하나는 나를 응원하고 믿고 지지해주는 것이다. 내가 이들에게 나의 목표에 대해 선언하고 공유하는 작용을 가하면, 이후 내가 목표를 이루는 데에 도움이 될 만한 많은 반작용들이 스노볼처럼 굴러올 수 있다. 예를 들면 내 목표를 들은 주변 사람이 실제 그 목표를 이루는데 조력을 해줄 수 있는 누군가를 소개시켜줄 수도 (기회) 있고, 내가 지칠 때마다 격려와 위로를 해주어 계속해서 도전하도록 응원해줄 수도(동기 유지) 있다.

나머지 하나는 나의 목표를 오히려 비아냥대거나 반대하는 것이다. 이런 부류의 사람이 제공하는 반작용은 오히려 내가 목표 성취를 위해 나가는데 강력한 저항으로 작용할 수도 있다. 하지만 앞서 내게 오는 저항이야말로 가장 강력한 성장의 신호라는 것을 이해했다면, 이 또한 내게 도움이 되는 반작용으로 활용할 수 있다. 그들의 저항을 내가 엄청나게 빠르게 전진하고 있다는 증거이자 경험치 상승으로 활용할 수도 있으며, 저항을 만드는 이들을 나의 일상 속에서 제거하여 내 세계관을 좁히는 일을 방지하고, 오로지 내가 성장할 수 있는 환경으로 세팅할 수 있는 기회가 되기도 할 것이다.

이렇게 내가 간단하게 주변 사람들에게 선언하는 작용만 가하더라도, 작용을 가하지 않았을 때보다 성공률을 높여줄 수 있는 많은 반작용이 오는 것이다. 단순히 선언하는 작용뿐만 아니라 강력한 믿음을 얻게 되면, 반드시 세상에 많은 작용을 가할 수 있게 된다.

예를 들어 나도 결국은 성공하게 될 것이라는 강력한 믿음이 기반이 되면 과거에는 연락할 엄두를 내지도 못했던 나보다 훨씬 성공한 사람에게 연락할 용기가 생길 수도 있다. 그들에게 연락하는 작용을 가하고 만약에 단 한 명이라도 내게 어떤 조언이나 조력을 해준다면, 그 또한 엄청난 기회의 반작용이 되는 것이다.

이처럼 '강력한 믿음'이 만들어지면 세계관이 확장되고 그로 인해 세상에 다양한 작용을 가할 수 있게 된다. 그 작용들에 대한 반작용들이 결국 나의 성공 가능성을 높이고, 실제 목표를 이룰 수 있는 가능성을 대폭 상승시키는 것이다.

그래서 때론 맹목적으로 스스로의 성공에 대해 의심하지 않고 세뇌시키며 무한한 믿음을 가져야 할 필요가 있다. 나 또한 창업을 하기로 마음먹고, 군대에서 전역한 날 집에 와서 바로 내 방에 포스트잇을 하나 붙였다.

'내가 생각하고 행동하면 이루어진다. 내가 이 세상의 중심이다.'

10년 넘게 붙여져 있는 포스트잇의 선언 문구를 보면서, 내가 이 세상의 조연이 아닌 주인공임을 세뇌하고 강력하게 믿었던 것이다.

뿐만 아니라 나는 매년 초마다 올해 성취할 목표 리스트들을 적는 일을 한다. 목표들을 한번 적는 것에서 그치는 것이 아니라, 매일 그 목표를 들여다보고 갱신하면서 그 목표가 이뤄졌을 미래를 매우 구체적으로 상상하며 즐거워한다. 구체적으로 상상하는 과정에서 그 목표를 충분히 이룰 수 있겠다는 믿음이 생기고 스스로 세뇌시키기도 한다. 어쩌면 나 또한 끌어당김의 법칙에 의해 지금의 성과를 이뤘을 수도 있다.

만약 아직도 자신의 성공 가능성에 대해 의심이 된다면, 성공한 모습을 구체적으로 상상하며 노트에 수십 번 적는 작업을 하면서 스스로를 세뇌시키고 강력한 믿음을 가져보자. 그것만으로도 분명 당신의 성공 가능성을 대폭 높여줄 것이다.

09 초밀도 역량 개발법

창업 필승 공식을 이용하기 위해서는 구현 기술이 필요하다. 아마 이 책을 읽는 다수는 '나는 마케팅, 영업, 개발, 디자인, 영상 편집, 요리 등등 가지고 있는 구현 기술이 하나도 없는데 어떻게 창업을 하라는 거지?'라고 생각할 수 있다.

사실 초밀도 역량 개발법을 이해하면, 앞서 언급한 구현 기술들을 단기간에 준전문가 수준까지 끌어올리는 것은 어려운 일이 아니다.

수집(속독, 필터링) → 취합(정독, 엑기스) → 교육 → 추가

예를 들어보자. 앞서 라이프해킹스쿨을 창업하기 전 미리 팔아보기로 와디즈에 강의를 론칭했다고 언급했다. 그 강의는 바로 랜딩페이지 만들기 강의였다.

나는 그 이전까지 랜딩페이지를 여러 번 사업에 활용해서 성공적인 성과를 만든 경험은 있었지만, 실제로 랜딩페이지에 대한 전문적인 지식을 가지고 있지는 않았다. 쉽게 이야기해서 이론적이고 체계적인 배경지식 없이 오로지 부딪쳐서 경험으로만 랜딩페이지를 다루고 만들 줄 알았던 것이다. 강의를 만들기 위해서는 랜딩페이지에 대한 보다 더 심도 깊은 이론적인 배경이 있어야 했기 때문에 다음 초밀도 역량 개발법을 이용해 랜딩페이지 역량을 학습했다.

STEP 1. 랜딩페이지에 대한 정보를 수집한다.

인터넷 여러 포털(구글, 네이버, 유튜브 등)에서 '랜딩페이지 개발 방법', '랜딩페이지 만들기', '랜딩페이지 기획' 등을 검색해서 나오는 유튜브 영상과 칼럼 등의 콘텐츠들을 속독한다.

수집 단계에서 속독을 할 때에는 절대로 기억하려고 해서는 안 된다. 시작부터 지식을 머리에 담으려고 하면 수집에 속도를 내기 어렵다. 속독의 목적은 해당 콘텐츠 중에 내가 배울 만한 내용이 있는가, 내가 몰랐던 내용이 있는가에 대한 것만 체크하는 것이다.

'이런 게 있네?', '오, 정리가 잘되어 있는데?'라는 생각이 드는 콘텐츠는 주소를 복사해 메모장에 적어서 수집하고, 그렇지 않은 콘텐츠들은 과감하게 버린다. 최소 20개 이상의 콘텐츠를 수집하면 좋다.

STEP 2. 수집한 정보를 취합한다.

콘텐츠의 질이 나쁘지 않다고 판단되는 것들을 수집했다면, 다음은 그것들의 엑기스를 모으는 작업이다. 정독하면서 본격적인 학습을 하는 단계다. 수집한 정보 중에 중복되는 내용도 많은데, 중복되는 내용은 그만큼 중요하다는 의미이기 때문에 여러 번 학습할 수 있게 된다.

이때 정독하고 끝내는 것이 아니라, 메모장을 켜서 중복되는 내용을 제외한 엑기스 정보를 정리하면서 취합한다. 이렇게 두 단계만 거쳐도 취합한 정보들을 보면 꽤 높은 퀄리티의 정보와 콘텐츠라는 것을 알 수 있다.

STEP 3. 교육을 한다.

정독하면서 취합하고 정리한 콘텐츠를 본격적으로 누군가에게 교육해보는 경험을 만들어야 한다. 어떤 분야의 준전문가 수준이 되었는가를 확인할 수 있는 가장 확실한 방법은 다른 사람에게 교육하고 이해시킬 수 있는지를 보면 된다. 스스로 충분히 이해했다고 생각했을지라도 막상 다른 사람을 가르치고 이해시키려고 하면 잘 해내지 못하는 경우도 많다. 확실히 자신의 것으로 체화되지 않았기 때문이다.

학습한 것을 완벽히 체화하기 위해서는 최소한 10회 이상의 강의를 하면 된다. 유료 강의를 하라는 것이 아니다. 무료 스터디를 만들거나, 간단한 1회성 무료 세미나를 열어 해당 주제에 관심 있는 사람들에게 지식을 공유해보면 된다. 가르칠 수 있어야 완벽하게 학습한 것이다.

STEP 4. 아이디어를 추가한다.

교육을 통해서 취합한 엑기스 내용을 자신의 것으로 완벽히 체화했으면 그 이후에는 자신만의 아이디어나 콘텐츠를 덧붙여라. 논리적으로 부족한 부분이나 더 추가되어야 하는 정보는 어떤 것인지 교육하면서 인지할 수 있게 되기 때문이다. 아이디어를 추가하면 남들과는 다른 나만의 콘텐츠가 하나 만들어지는 것이다.

이처럼 수집, 취합, 교육, 추가의 4단계를 거치면 자신만의 역량을 빠르게 만들어 낼 수 있을 뿐만 아니라 자신만의 강의 콘텐츠를 만들기도 쉽다.

나는 책을 읽을 때에도 초밀도 역량 개발법을 적용한다. 흥미가 있는 책은 전자책을 구매해서 모바일로 속독한다. 대부분 속독을 하면 3~4시간이면 책의 전체 맥락을 파악할 수 있다. 앞서 이야기했듯이 지식을 머리에 담으려 해서는 안 된다. 빠르게 훑으면서 내가 모르는 내용이 있는지, 또는 나중에 내가 써먹을 만한 정보들이 있는지만 체크하면서 속독하는 것이기 때문에 누구나 충분히 3~4시간 안에 할 수 있다. 이동 중에는 빠른 배속 음성으로 책 내용을 듣기도 한다.

그렇게 책에 전체 맥락을 봤을 때 내가 가져갈 만한 알짜 정보들이 크게 없다고 생각되면 그 책은 다시 정독하지 않는다. 반대로 속독하는 중에 계속해서 새로운 정보가 발견됐다고 체크했으면 다음 날 다시 정독을 한다. 정독을 할 때는 앞서 제시했던 것처럼 엑기스라고 생각되는 내용들을 메모장에 적어가면서 읽는다.

그리고 엑기스를 취합하고 나면 교육을 한다. 사람들에게 지식을 공유하고 이해시켜보는 작업을 통해서 해당 지식을 나에게 완벽하게 체화시키는 작업을 하는 것이다. 그렇게 교육을 통해서 완벽히 지식이 체화되면 그 이후에는 내 아이디어를 추가해서 나만의 콘텐츠를 만드는 것이다.

심지어 이 초밀도 역량 개발법은 시험을 준비할 때도 사용 가능하다. 대학생 시절 본격적인 시험 준비는 일주일 전부터 시작했는데 같은 프로세스를 사용했다.

처음에는 교재를 속독하며 전체 맥락만 파악한다. 그리고 그이후에 정독하면서 엑기스들을 취합한다. 취합한 이후에는 시험을 준비하는 동기들에게 지식을 공유한다. 지식을 공유하면서 완벽하게 체화되면 그 이후에는 나만의 추가적인 논리를 보완해서 지식을 고도화하는 것이다.

직장에서 업무를 할 때도 해당 방법을 사용하면 좋다. 포스터 디자인을 만들어야 하는 상황이라면, 1차적으로 다양한 포스터 디자인을 수집한다. 인터넷에 검색해서 나쁘지 않다고 생각되는 포스터 20개 정도만 빠르게 모아서 보는 것이다. 수집한 것 가운데 그 포스터의 컬러나 레이아웃, 배치 등이 괜찮다고 생각되는 엑기스만 취합해서 정리한다.

그 이후에는 교육을 하는 대신에 해당 포스터들을 벤치마킹해서 나만의 포스터를 만들어보면 된다. 그렇게 트렌디한 포스터들을 따라서 만들어보는 작업을 반복적으로 하다 보면, 나도 어느 순간 트렌디한 포스터를 만들 줄 아는 사람이 되고 그 이후에 자신만의 독창적인 포인트를 디자인적으로 추가하면 되는 것이다.

'수집 → 취합 → 교육 → 추가' 4단계의 초밀도 역량 개발법을 이용해서 빠르게 다양한 구현 기술을 습득하라.

10 창업형 인간 체크리스트

지금까지 책을 잘 읽어왔다면 이 순간 당신은 엄청나게 고취된 의지와 열정을 가진 상태일 가능성이 높다. 그렇다면 당장 무슨 일을 해야 할까? 당연히 아직도 자신의 의지와 열정을 믿고 있는 것은 아닐 거라 생각한다. 지금 당신이 해야 할 일은 환경을 설계하는 것이다.

미래의 목표를 정하고 그 목표를 이뤘을 때 얻게 될 것들을 구체적으로 상상하며 접근 동기를 만들고, 당신이 정말 싫어하는 것을 이용해서 내일도 실행하게 할 회피 동기를 만들어라. 그 과정에서 극도의 긍정적 스트레스를 경험하는 동시에 그 누구보다 빠른 성장을 하고 성과를 내게 될 것이다.

단 한 번 이 책을 읽었다고 모든 것들을 체화했다고 착각하면 안 된다. 본문에서 제시했던 과제들을 하나씩 수행하면서 자신만의 언어로 정리하는 일을 하고, 그 이후에도 수십 번 더 책을 반복해 읽으면서 리마인드해야 할 것이다.

이제 막 변화하기 시작하는 당신을 위해서 '창업형 인간으로 변화하고 있는가'를 확인할 수 있는 셀프 체크리스트를 선물하겠다.

- 나는 오늘도 세상에 하나 이상의 작용을 가했는가?
- 나는 내일의 나에게 하나 이상의 퀘스트를 부여했는가?
- 나는 내일의 나태한 내가 실행할 수밖에 없는 환경 설계를 했는가?
- 혹시라도 내가 겪어야 할 리스크 또는 열등감 등으로 인해 성장의 기회를 막는 방어시스템이 작동하지 않았는가?
- 세상을 두고 계속 실험을 하고 있는가?

이 체크리스트를 매일 보며 창업형 인간으로 변화하고 있는지를 확인해라. 체크리스트에 하나도 빠짐없이 YES를 적게 되는 시점이 된다면 당신은 이미 창업형 인간이 된 것이다.

PART 5

부와 행복을 지속하려면

01 ─── 진정한 경제적 자유의 의미

앞서 이야기했듯이 나는 일을 단순히 부를 이루기 위한 수단으로 활용하는 것에 대해 반대한다. 행복한 미래를 위해 지금을 희생해서 산다는 것은 결코 창업형 인간이 추구하는 바가 아니다. 인생의 많은 부분을 차지하는 일을 하는 과정도 나의 행복 가치와 연결되어야만, 행복의 총량을 최대치로 얻을 수 있는 것이다.

앞서 금수저가 더 성공할 가능성이 높은 이유에 대해 이야기했듯이, 일이라는 것은 행복 가치를 실현하기 위한 수단으로 이용하기 좋다. 특히 수많은 일 중에 창업을 선택한 경우, 많은 사람들에게 가치를 주면서 나의 2차원적 쾌락을 충족시켜 나갈 수 있다. 그런 면에서 창업이라는 일은 자아실현의 가장 좋은 수단이다.

사실 성공한 많은 창업가들과 재벌들이 그 많은 부를 가지고 있어도 지속해서 사업을 하고 일을 하는 것만 봐도 알 수 있다. 그들이 사업을 하고 일을 지속해서 하는 것은, 굳이 안 해도 될 일을 하는 것이 아니라 그들의 자아실현과 행복 가치 실현을 위해서 하는 것이다.

진정한 경제적 자유라는 것은 일을 하지 않게 됨을 의미하지 않는다. 일과 자아실현이 일치됐을 때가 진정한 경제적 자유라고 말할 수 있다.

나도 지금 창업을 하는 것이 행복하기 때문에 하고 있다. 지금 나에게 창업이란 것은 어렸을 때 정말 좋아했던 게임과도 같은 것이 되어 버렸다. 게임에서 캐릭터를 성장시키고 길드를 만들어서 운영하고 더 많은 캐시를 모아가는 과정을, 지금은 창업이라는 수단을 이용해 현실에서 하고 있는 것이다.

이미 내가 운영하고 있는 모든 사업들은 나의 자아실현에 수단이 되었다. 그래서 많은 창업 기업들과 스타트업들이 장기적으로 매각하려는 목표를 위해 달리지만 나는 그렇지 않다. 이것들이 단순히 가치를 부풀려서 팔아야 하는 것이라고 생각하지 않기 때문이다. 사업이 나의 삶 그 자체고, 나의 자아실현 그 자체이기 때문에 누군가에게 팔 이유도 명분도 없다.

지금은 잘 이해되지 않을 수 있지만, 여러분도 많은 돈을 벌게 된 뒤에도 결국 일을 하게 될 것이다. 그때가 되면 일에 대한 의미가 지금과는 완전히 달라질 것이다.

과거에는 일이 숙제처럼 여겨졌다면, 창업형 인간이 되고 성과를 낸 후부터는 가장 좋아하는 게임처럼, 스포츠처럼, 취미처럼 당신의 행복 성취를 위한 수단이 될 것이다. 분명 그 일을 하는 과정 자체에서 많은 행복 가치를 얻을 수 있을 것이다. 그것이 진정한 경제적 자유다.

02

경제적 자유를
얻은 후 불행해지는 이유

여러분이 진정한 경제적 자유를 달성한 후 오히려 불행해지는 경험을 할 수도 있다. 그것은 나와 가장 가까웠던 주변 사람들 때문이다. 만약 창업형 인간으로 변화해 빠르게 성장하기 시작한다면, 어려서부터 항상 시간을 함께하던 주변의 많은 이들과 점차 멀어질 가능성이 높다. 그것은 좁은 세계관을 가진 주변 환경을 개선하기 위해 의도적으로 그들에게 벗어났기 때문일 수도 있고, 성장을 하고 세계관이 넓어지다 보니 자연스럽게 그들과 교집합이 없어져서일 수도 있다.

성장을 하다 보면 과거의 친구들과 이야기하는 것이 어려워진다. 세상을 바라보는 관점이 달라지기 때문이다. 친구들이 이야기하는 큰 사건이라고 할 만한 것들이 나에게는 그렇게 중요하지도 않고, 많은 감정 소비를 하거나 시간을 써야 할 사건이 아닌 것처럼 보이기 때문이다. 무언가를 같이 하더라도 돈과 시간에 대한 관점이 다르기 때문에 서로 이견이 발생하기도 한다. 그의 이야기에 내가 공감하기 힘들고, 나의 이야기를 하기에는 오히려 상대의 반발이나 질투심을 유발할 수도 있다.

그래서 많은 사람들은 주변에 누군가 갑자기 성공하게 되면, 크게 어떤 잘못을 하지 않아도 '사람이 바뀌었다. 올챙이 적을 기억하지 못한다'면서 좋지 않은 시선으로 바라보기도 한다. 그들의 말이 전혀 틀린 것은 아닐 것이다. 성공하면 세계관이 커지고, 관점이 바뀌고, 돈에 대한 관념도 바뀌는 것은 매우 당연한 것이다.

이렇게 세계관이 달라 사건을 바라보는 관점이 달라지면 서로 이야기의 교집합은 점차 사라질 수밖에 없다. 그나마 공유할 수 있는 건 과거의 추억뿐이다. 하지만 과거의 추억을 주제 삼는 것도 잦으면 질리기 마련이다. 그래서 자주 보기 어렵다. 그들과는 어쩌면 1~2년에 한 번 만나 과거를 회상하며 시시콜콜하게 웃고 떠드는 게 나을지도 모른다. 그게 서로에게 가장 즐겁고 합리적인 만남이 될 가능성이 높다.

그래서 점차 어렸을 때의 지인들은 주변에 하나도 남아 있지 않고, 어느 정도 성과가 나온 이후에 알게 된 사람들만 주변에 남아 있게 된다. 어쩌면 가장 순수한 시절의 과거를 함께했던 주변인들과 멀어지는 것은, 나의 행복 총량을 갉아먹고 불행해지는 일일 수도 있다.

그래서 이야기하고 싶은 것은 성과를 이룰 수 있었던 당신의 성장 과정들을 소중하게 여기는 사람들에게 베풀고, 그들도 성장할 수 있도록 도우라는 것이다. 단순히 이룬 성과를 맹목적으로 베푸는 것이 아니라 성장의 과정을 베푸는 것이다. 그들도 동일하게 성장통을 겪으며 성장할 수 있도록 말이다.

그건 결코 그들의 행복을 위한 것만은 아니다. 오로지 나의 행복을 위한 것이다. 나와 가장 오랜 시간을 함께한 친구들을 내가 사는 세계관으로 불러와 함께할 수 있다면, 그것만큼 더 큰 행복 총량을 만드는 일은 없을 것이다. 과거의 추억과 미래에 대한 꿈을 모두 이야기할 수 있는 사람이 옆에 있다는 것은, 삶을 살아가면서 언제든 기대고 위로하고 행복을 나눌 수 있는 동반자가 생기는 것과 같기 때문이다. 궁극적으로는, 당신의 주변 사람들과 함께 창업형 인간이 돼라는 뜻이다.

03

감정의 상대성, 모든 감정은 소중하다

생각보다 인생의 모든 것들은 상대적이다. 가난한 사람이 있기 때문에 부자가 있는 것이고, 부자가 있기 때문에 가난한 사람이 있는 것이다. 자산이 모두 같았다면 부자와 빈자의 기준은 없었을 것이다.

예쁜 사람이 있기 때문에 못생긴 사람이 있고, 못생긴 사람이 있기 때문에 예쁜 사람이 있다. 모두가 비슷한 수준으로 예뻤다면 예쁘고 못생김의 기준은 없었을 것이다.

키가 큰 사람이 있기 때문에 작은 사람이 있는 것이고, 키가 작은 사람이 있기 때문에 큰 사람이 있는 것이다. 모든 사람의 키가 180cm으로 같았다면 키가 크다, 작다의 기준은 없었을 것이다.

이처럼 세상 모든 것들은 상대적이며 어쩔 수 없이 우리는 비교를 통해 세상을 바라본다. 그리고 세상의 것들뿐만 아니라 내면의 감정도 동일하다. 떨림이라는 감정이 있기 때문에 평온함의 감정이 있고, 평온함의 감정이 있기 때문에 떨림이라는 감정이 있는 것이다. 인생 내내 떨림이라는 감정만 있었다면, 떨림은 떨림이라고 불리지 않고 평온함이라고 불렸을 것이다.

불행이 있기 때문에 행복이 있고, 행복이 있기 때문에 불행이 있다. 인생 내내 행복한 감정만 있었다면 그것 또한 결코 행복이라는 좋은 감정으로 불리지 않았을 것이다.

내가 말하고자 하는 바는 우리가 한정된 인생이라는 시간 동안 행복이라는 감정을 더 많이 채우기 위해 노력할 뿐이지, 1분 1초의 모든 순간을 행복으로 채우려는 욕심을 부려서는 안 된다는 것이다. 설령 모든 순간을 행복으로 채우는 것이 가능하다고 하더라도 그건 결국 행복이 아니게 되는 것과 같다.

그래서 행복과 반대되는 감정이 존재해야 결국 행복이라는 것도 더 크게 존재할 수 있다는 것을 알아야 한다. 창업형 인간이 되어 경제적 자유를 달성하더라도 분명 인생이 매번 행복할 수는 없을 것이다. 불행의 순간도 있겠지만 그 또한 나중의 행복을 더 극대화하기 위한 하나의 비교 대상이 생긴 것일 뿐이다.

그래서 꼭 행복의 감정이 아니어도 모든 감정 자체는 삶에서 꼭 필요한 것이며, 그 또한 소중히 여겨야 한다. 행복이 아닌 감정을 느낀다고 해서 좌절하거나 우울해하며 자신의 인생을 갉아먹지 않았으면 한다. 그 또한 분명 당신이 행복한 인생을 살기 위해서 꼭 필요하고 소중한 감정이다.

04 스타트업을 하게 될 것이다

창업형 인간이 되어 경제적 자유를 이루게 된 시점이 되면, 이미 사람들에게 유용한 가치를 제공하고 있다는 것을 의미한다. 그런 가치를 제공했으니 그에 대한 대가로 돈을 받고 부를 이뤘을 것이기 때문이다.

창업으로 경제적 자유를 이루었다면 그 이후에는 무엇을 목표로 해야 할 것인가? 궁극적으로 더 큰 행복 가치를 얻기 위해서는 무엇을 해야 하는가? 그것에 대한 답은 바로 스타트업을 해서 더 큰 가치를 더 많은 사람들에게 전달하는 것이다.

스타트업의 정의는 다양하지만, 나는 전 세계와 인류에게 혁신적인 가치를 제공할 수 있는 기업이 되는 것을 목표로 하는 조직을 스타트업이라고 여긴다. 단순히 IT 분야를 한다고 스타트업도 아니고, 투자를 받았다고 스타트업도 아니다. 내가 제공하고자 하는 가치의 범위가 동네도 아니고 서울시도 아니고 한국도 아니고, 전 세계를 걸쳐 전 세대의 인류에게 전달하려는 목표를 가진 기업이라면 그것이 스타트업이라고 생각한다.

안타깝게도 지금의 스타트업은 많이 변질되었다. 그나마 창업을 하라고 세상에 알리는 이들이 벤처 투자자이고 그들이 권장하는 것은 스타트업을 하라는 것인데, 의도하지 않았겠지만 스타트업이라는 것이 단순히 그들의 투자 수단으로 변질된 것이다.

많은 창업가들은 벤처 투자자들의 꼭두각시가 되어 그저 기업의 밸류(value, 가치 및 가격)를 높이는 것에만 급급해 한다. 이런 스타트업들은, 유저에게 가치를 제공하고 돈을 받아 수익이 남는 모델을 통해 기업이 온전히 스스로 생존할 수 있는 건전한 조직이 되고 있는지에 대해선 관심이 없다.

한 단계 앞서 투자한 벤처 투자자들은 본인들이 투자한 밸류보다 더 높은 밸류로 더 많은 금액을 투자받도록 하기 위한 지표를 만들라고 창업가들을 독촉한다. 적자에 관계없이 회사의 매출을 무조건 올려야 하고 매출이 아니라면 유저 수만이라도 무작위로 늘리는 게 최우선 과제인 것이다.

의도적인 적자를 내면서 빠른 성장을 하고, 시장을 장악한 이후 수익 전환을 해낸 카카오, 네이버 같은 기업들이 있다. 하지만 그런 방식이 결코 모든 시장과 사업에 적용되는 것은 아니다.

어쩌면 아주 극소수의 기업에만 적용되는 성장 방법이라고 봐도 무방하다. 그럼에도 불구하고 100개 스타트업 중 99개의 기업이 이런 방식으로 매우 큰 적자를 안고 사업을 운영한다. 그들은 마치 언제라도 마음만 먹으면 흑자 전환을 해낼 수 있을 것처럼 이야기한다. 그러나 그들이 지금까지 적자를 내면서 성장시킨 매출 규모 또는 유저와 직원 수를 유지하면서 흑자 전환을 하기는 현실적으로 어렵다. 이미 적자 구조에 익숙해진 조직은 쉽게 흑자를 내는 조직으로 변화하기 어렵기 때문이다.

그렇다고 적자 기업이 흑자 기업보다 상대적으로 더 빠르게 성장하는가 하면 그것도 아니다. 몇 개의 스타트업 재무제표만 보더라도, 적자 구조 스타트업이 건전한 흑자 구조로 운영하는 스타트업보다 성장 속도가 탁월하게 빠르진 않다는 것을 알 수 있다.

사실 생각해보면 적자 구조를 내면서 매출을 올리는 게임을 하는 것은 누구나 할 수 있는 쉬운 일이다. 마진을 고려하지 않고 시장가보다 상품 가격을 내려 팔면 된다. 가격 우위가 있으니 많은 사람들이 구매할 것이고, 손실이 나는 대신 매출을 대폭 올릴 수 있을 것이다. 영업이익을 고려하지 않고 시장가보다 싸게 판다면 매출이 오르는 것은 어쩌면 당연한 것이다.

지금의 혁신적인 스타트업이라고 불리는 대부분의 커머스 스타트업의 현주소가 이렇다. 그들은 혁신이라고 이야기하지만, 결국 마진 구조를 고려하지 않고 가격을 낮추거나 다양한 옵션(배송, 적립 등)들을 마구잡이로 추가해서 더 경쟁력 있는 상품으로 만든 것뿐이다. 자본만 있으면 매출을 올릴 수 있는 방식으로 매출을 높이면서 '성장'하고 있고 '혁신'하고 있다고 이야기한다. 그들의 명분은 이렇다. 이런 방식으로 매출을 올려서 최종적으로는 규모의 경제를 달성하면 마진은 언제든 남길 수 있다는 식이다.

하지만 규모의 경제를 이루면 시장을 원하는 대로 주무를 수 있던 시절은 이미 지나간 지 오래다. 차원이 다른 높은 기술 장벽을 가진 기업이 아니라면, 어떤 서비스나 제품도 누구나 쉽게 벤치마킹해서 만들어 낼 수 있는 시대다. 따라서 하나의 기업이 독점하기는 쉽지 않다. 또한 비슷한 수준의 서비스와 제품이 너무 많기 때문에 고객은 언제든 자신이 원하는 제품과 서비스를 변경하고 선택할 수 있는 입장이다. 그래서 먼저 시장을 선점했다고 해서, 가격을 올려도 고객이 계속 남아 있을 거라는 환상은 구시대적 발상이다.

이런 이유로 이미 업계에서 성공한 창업가로 유명한 사람인데도, 단 한 번도 고객에게 돈을 받고 가치를 판매해보는 경험을 해본 적이 없거나, 단 한 번도 흑자 구조의 기업을 운영해본 적이 없는 경우도 허다한 것이다.

많은 창업가들은 스타트업을 하면서 자신의 부를 쌓기 위한 일이 아니라, 세상과 인류에게 이로운 일을 하기 위해 수많은 역경의 과정을 거치는 중이라고 말한다. 하지만 나는 그들 중 적잖은 사람이 위선에 가깝다고 생각한다. 그들 속내는 결국 자신의 부를 이루고 자신의 행복을 얻는 것을 1순위로 창업을 하고 있기 때문이다. 그것을 비난하려는 것이 아니다. 그것이 당연한 것이니 위선으로 포장할 필요가 없다는 말을 하려는 것이다.

창업의 본질적인 이유는 인류의 혁신보다는 개인의 행복 성취와 자아실현이 우선된다는 것을 깨닫고 인정해야 한다. 나를 희생하고 타인을 위한 혁신을 한다는 것을 주창하는 이들은 대부분 위선이라고 생각한다. 정녕 자신을 희생해 타인을 위할 수 있다면, 고객 한 명을 위해서도 자신의 목숨을 바칠 수 있어야 할 것이다. 반면 나의 2차원적 쾌락을 얻기 위해 타인을 위한 혁신을 한다는 것은 진실이다. 결국 나의 행복과 인류의 행복이 정렬되어 창업으로 그것을 실현하는 게 가장 건전하고 이치에 맞다고 생각한다.

수많은 스타트업 창업가들은 아주 중요한 중간 과정을 건너뛰고 마지막 과정부터 하고 있는 것과 같다. 비유하면 초중고를 다니지 않고 대학교부터 가는 꼴이다. 초기 창업가는 가장 기초적인 실험적 관점에서의 창업을 해야 하고, 그 과정에서 끊임없이 사람들의 니즈를 파악하고 읽으면서, 정말 돈을 주고 살 만큼 필요한 가치를 만드는 일을 해야 한다. 실험적 관점의 창업을 해서 돈을 벌어 경제적 자유를 달성해 1차원적 쾌락을 어느 정도 충족하고 나면, 자연스럽게 2차원적 쾌락을 극대화하기를 원하게 된다. 그때 스타트업을 하면 되는 것이다. 하지만 대부분의 스타트업 창업가들은 이 과정을 건너뛰고 있다.

그래서 창업 시작부터 스타트업을 하는 것은 지양해야 한다. 그보다 창업형 인간이 먼저 되어야 하고 창업형 인간의 방식으로 실험적 창업을 해야 한다. 그리고 창업형 인간이 되어 성과를 이룬 후에야 스타트업을 해야 한다. 이미 경제적 자유를 달성하고 나면 1차원적 쾌락은 언제든 스스로 선택할 수 있는 것이 된다. 그런 이후에 훨씬 더 갈증을 느끼게 되는 것이 바로 2차원적 쾌락이다. 2차원적 쾌락을 채우기 위한 가장 확실한 방법은 모든 인류에게 내가 만든 혁신적인 가치를 전달하는 것이다. 그것만큼 사회적 쾌락을 극대화하여 목표를 성취할 수 있는 방법은 없다. 그래서 여러분도 창업형 인간으로 성장해 경제적 자유를 달성해

낸다면, 그 이후에는 스타트업을 꿈꾸게 될 거라 말하는 것이다.

많은 창업형 인간을 양성하고 있는 나부터 가장 먼저 스타트업을 할 것이다. 전 세계에서 창업형 인간의 선구자가 되어 나의 2차원적 쾌락을 극대화할 것이다. 나의 행복을 위해 세상을 혁신할 수 있는 가치를 만들 것이다.

이 책을 통해서 많은 사람들에게 선언한다.

부의 치트키

1판 1쇄 발행 2022년 10월 30일
1판 2쇄 발행 2022년 11월 11일

지은이 김성공
발행인 오영진 김진갑
발행처 토네이도미디어그룹(주)

책임편집 박수진
기획편집 박민희 유인경 박은화
디자인팀 안윤민 김현주
마케팅팀 박시현 박준서 김예은 조성은
경영지원 이혜선 임지우

출판등록 2006년 1월 11일 제313-2006-15호
주소 서울시 마포구 월드컵북로5가길 12 서교빌딩 2층
독자 문의 midnightbookstore@naver.com
전화 02-332-3310 **팩스** 02-332-7741
블로그 blog.naver.com/midnightbookstore
페이스북 www.facebook.com/tornadobook

ISBN 979-11-5851-226-2 (03190)